天下文化
BELIEVE IN READING

引路

張淑芬與台積電
用智慧行善的公益足跡

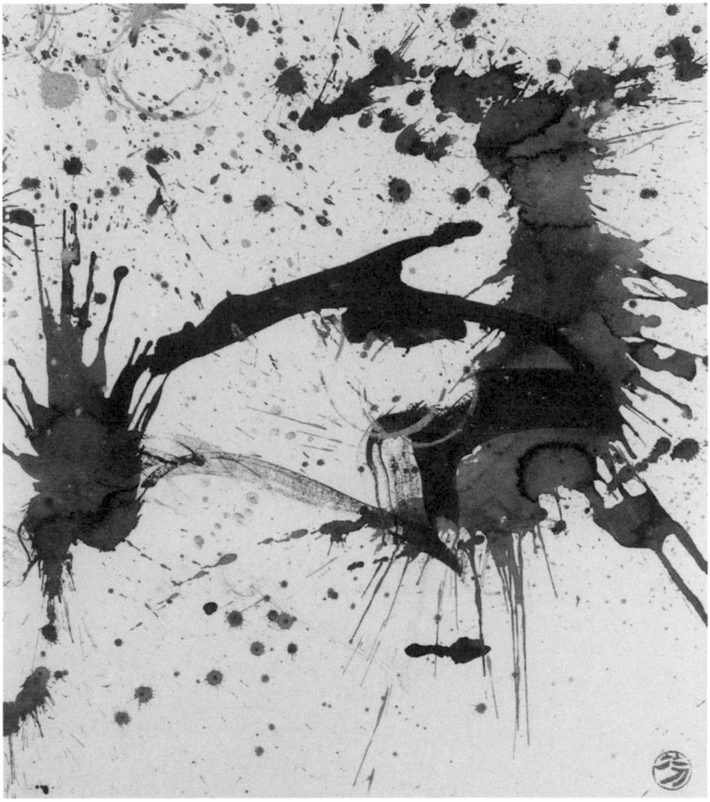

（張淑芬畫作）

台積電慈善基金會

張忠谋題

二〇一八年一月

「企業社會責任
不能只是在紙上寫，
要用行動、
溫度和愛去做。」

——張淑芬

（蘇義傑攝）

序文一

除了台積電，還有芬

台積電創辦人 張忠謀

此書讀者大概都知道張淑芬是一個慈善家、一個出色的畫家，也是我的愛妻；讀者大概也都知道我創辦、經營台積電三十餘年後，在一年多前退休。提起張忠謀，讀者大概會說：「他的成就就是台積電。」

讀者大概不知道，至少在我的心目中，除了台積電外，最近十幾年我還有別的成就：我啟發了芬的畫畫天才；我鼓勵了她的慈善事業，而且「引路」（就用這書書名吧）使她發展她的特長；更巧合地，她創始的「慈善平台」理念正與台積電「創新平台」理念吻合——也許這就是所謂「心有靈犀一點通」吧？

芬的慈善事業自台積電志工社開始。這在本書第一部第一章就有相當詳細的敘述，我也不重複了。一開始，我就對她說：「不要碰錢。」

為什麼「不要碰錢」？因為管錢不是芬的長處。芬的最大長處，也可以說是任何慈善事業家必須條件（sine qua non），就是她那一顆熱烘烘的幫助弱者（老、病、貧、經過災難的人）的慈善心。西諺有云：「狐狸知道許多事；刺蝟只知道一件大事。」在慈善事業上，「大事」就是要幫助弱者，而芬正是那刺蝟。

至於「慈善平台」呢？就是聚集多家公司、個人以及台積電慈善基金會、志工社的資源，來做慈善事業。台積電「創新平台」成立多年，它聚集台積電的製程技術、客戶的設計，以及第三者的智慧財產，做出有用的半導體產品——相似的理念。

再講芬的畫。

芬在二〇〇六年開始學畫，起初畫些水果、盆景之類，我並不覺得怎麼特別，芬的興趣也不很高，一直到二〇一〇年，有一次我們去阿姆斯特丹旅遊，參觀當地的博物院，看到一幅「戴黑帽的女士」，覺得這畫裡的女士很有氣質，兩人佇視甚久，離開博物院時芬買了一張此畫的照片。回到台灣後，她開始創造她自己的「戴黑帽的女士」，她把女士的服裝改成中國式，把女士的面容畫成年輕的自己。「戴黑帽的年輕張淑芬」的氣質，絕對不輸原作。這畫我一直掛在我書房正對書桌的牆上，一抬頭就看到。看到的不只是美麗的芬，也是畫家一絲「似水流年」的惆悵——不是遺憾，沒有遺憾，只是細細一絲的惆悵。

在我心目中，「戴黑帽的年輕張淑芬」是芬的創作的開始，此後她的畫就步入新的境界。但是，五年前，她忽然說不畫了。我追問為什麼？她說畫室太小了，她不能畫大幅的畫。的確，那時她的畫室面積很小，而且我的跑步機也在裡面。我說，那麼我們再去找一個畫室吧。

我沒有想到的，倒是芬在台北幾乎最貴的公寓大廈裡買了一所公寓，就把它當做她的畫室。這畫室位在大樓二十幾樓，俯視台北，廣闊落地的玻璃窗外的景觀極好。芬的創作——我現在稱她的每幅畫都為創作——也步入更新的境界。芬常說我不懂她的畫，我的回答總是：「喜歡就是懂。」我幾乎每幅都喜歡。

這幾年芬的畫好幾次在蘇富比與佳士得拍賣；當然，賣畫不是一個賺錢的行業，因為要賣許多畫才抵得上她畫室的折舊。但我很高興有許多人喜歡（懂）芬的畫。

現在天下文化要出這本《引路》，我很高興天下文化為芬的慈善事業以及她的畫家生涯留下這個紀錄；我也很高興天下文化邀我作序，讓我有這個機會誇誇我對芬的慈善事業以及畫作的小小貢獻——雖然對我，這小小的貢獻是大大的成就。

張淑芬畫作：「戴黑帽的年輕張淑芬」。

序文二

以愛引路，行善智慧

遠見・天下文化事業群發行人 王力行

認識 Sophie（張淑芬）時，張忠謀董事長正在寫自傳上冊；我隱約感覺到他自傳的第一位讀者，應是 Sophie。那時他們還沒有結婚。

後來有機會陪他們到北京參加三聯書局舉辦《張忠謀自傳》大陸版新書發表會，更進一步認識 Sophie。她的熱誠、善解、貼心，加上了解她的信仰、修心之旅，我感覺她是上天賜給台灣最受尊重的企業家張忠謀的天使。

我知道 Sophie 精於廚藝、花道，卻不知道她的繪畫如此精采。從最初的業餘興趣，走向可以在蘇富比拍賣的職業水準。有一回到她畫室看她的新作，發現好幾幅畫的角度，是從上往下的，好像在俯視世間的紛擾、疾苦。我又感覺她是上天賜下來的一位活菩薩，透過與張忠謀董事長的情緣，能為這個社會做更多的善事。

這本書就是張淑芬以行動來實踐內心慈悲，以智慧來創新公益效能的紀錄。

十年前她接下台積電志工社社長。當災難發生時，她總是親身走到第一線，觀察受災人需要什麼幫助。她更懂得讓台積電一群聰明的志工發揮他們的專長，用智慧行善，去填補企業做公益時的缺角。

天下文化在二〇一三年出版過《台積電的綠色力量》、《台積電的綠色行動》兩本書，當中就看到了在 Sophie 的推動下，台積電首度對外開設一系列產業節能節水技術課程，分享全球最高節水的技術，讓更多的產業參與，發揮更大解決水資源問題的效能。

每次見面，她眼裡總是充滿光采，興奮熱情地告訴我，她最近又與哪些企業團體合作，為偏鄉弱勢帶進資源，改善生活。如今終於十年有成，她答應天下文化記錄出版與這群志工夥伴們的奮鬥故事。

做為一位引路人，張淑芬引領一個靈魂喚醒另一個靈魂，一個團隊感動另一個團隊，一座城市連結另一座城市，進而改變一個人、一個企業、一個社會。

目錄

張淑芬畫作

一

以愛引路，
我們會知道該怎麼走，
由小個人變成大團隊，
如月滿盈。

引路的智慧——從源頭開始做對的事

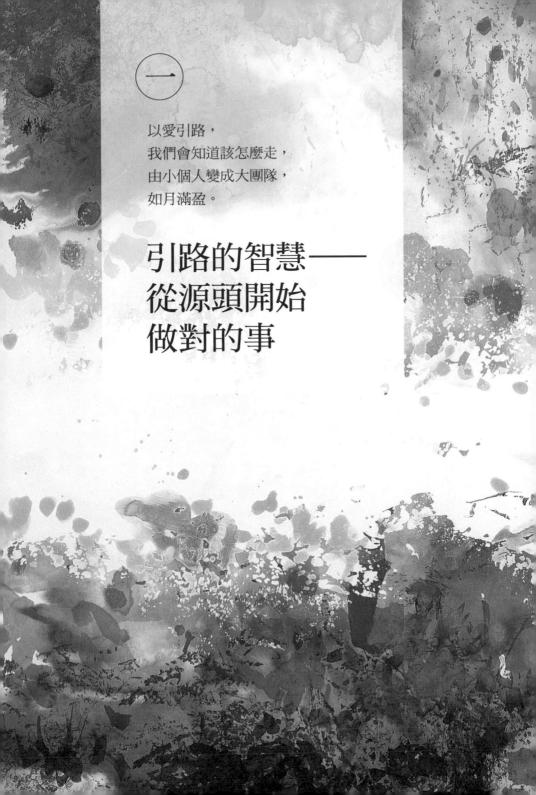

（張淑芬畫作）

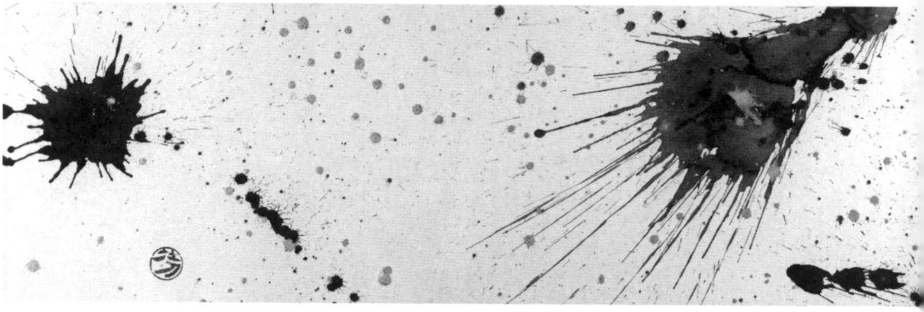

Chapter 1

即將變成孤兒的志工社

二〇〇九年，台積電的新竹總部。莊子壽忐忑在會議室的門外等待。

人稱「Arthur」的他，是台積電新工處處長。全球業界皆知，台積電建廠效率卓越超群，在半導體產業裡，領先全球的創新製程與工廠量產速度，得是並駕齊驅的優勢，才能夠持續保有晶圓代工的龍頭地位，新工處在公司內的關鍵角色不言而喻。

執行過一次又一次超越建廠紀錄的莊子壽，面對困難的情境，絕大多數時刻皆能神色自若、胸有成竹，今天卻難掩緊張，因為他要等待的人跟建廠專案一點關係也沒有。

前些日子，志工社副社長來找莊子壽，問他能否想辦法讓志工社不要解散？一問之下，才知道原來受到二〇〇八年金融風暴的衝擊，台積電文教基金會預算緊縮，決定取消志工社的運作經費。

志工社是台積電文教基金會於二〇〇四年成立的內部社團。那時，台積電協助捐助給台中自然科學博物館「半導體的世界」展館進行設備更新裝修。因為半導體太多艱澀專有名詞，參觀者往往走馬看花，不易真實理解，而硬體更新後，需要有專業的導覽員，才能達到寓教於樂之效，於是基金會在公司內部號召志願者，培訓為「導覽志工」。這也是志工社的起點。

之後，台積電文教基金會繼續《天下雜誌》教育基金會「希望閱讀」計畫，發現偏鄉孩子多半是單親、隔代教養，不易養成閱讀習慣，為了讓紙本書能化為臨場感的故事，成立到學校說故事的「導讀志工」，提供中英文導讀服務，用一本本好書，啟發學童的閱讀興趣。

莊子壽不是志工社的社員，與志工社最大交集是新工處負責台中科博館工程，平日也少有往來。他外表不慍不火，其實菩薩心腸，只因副社長說的一句話而被打動，答應幫忙。

「雖然目前志工人數不多，但好不容易聚集起來的力量就這樣散掉，實在太可惜了，你可不可以幫我們？」莊子壽聽完，心裡有數，除了運作經費，志工社還缺了能夠凝聚眾心的靈魂人物。

尋找靈魂人物

這個靈魂人物要有群眾魅力，才能夠號召更多員工願意投身愛心公益，讓志工行動在企業內部自動連結與凝聚。因為台積電的志工沒有志工假與獎金，志工服務時數也不會納入年度考績，出勤時只補助車馬費，所有部門主管更不能以制度規定，要完全尊重個人的意願。

「這樣吧！除了解決經費問題，我再幫你們找一位比我更適合的社長。」

只是，這個人選會是誰呢？思索良久，腦海裡浮現一個連他自己都覺得不太可能會成真的答案——張忠謀的夫人張淑芬。

對莊子壽來說，張淑芬僅是幾面之緣的董事長夫人，與大多數員工一樣，會在每年台積電運動會上，見到她陪著先生出席，總是滿面笑容，被人群簇擁，親切與員工互動，回想印象裡的畫面，他愈益覺得，張淑芬是最佳人選，而且張忠謀董事長回任台積電總執行長不久[1]，若夫人能參與志工社，也能注入一股柔性能量。

莊子壽特地選了張淑芬到總部參加人資部活動的這天，請同事安排會見，想當面請教她的意願。等待的同時，他思索該如何說服張淑芬？推敲了幾種可能性，最後決定請張淑芬掛名社長就好，提高她同意的機率。

一見到張淑芬，他省略客套話，簡要說明志工社目前陷入困境，希望找有號召力的人來當社長後，單刀直入地問張淑芬：「夫人，您願意當我們志工社的社長嗎？」

「叫我 Sophie 就好。為什麼想找我當社長？我能為你們做什麼？」張淑芬曾在美國生活多年，風格明快，直白說出她的疑問。

「志工社需要一位有號召力的精神領袖，如果您願意掛名社長，就能夠激勵人心，其他社長要做的執行工作都不用擔心，我來負責，您只要出席社員大會，為志工群打氣加油，不會占據您太多時間。」

「你真的認為我適合？」張淑芬直視莊子壽，個頭不高的她，卻有股不容忽視的氣勢。

莊子壽肯定的點點頭。那時，他並不知道眼前這位雍容華貴的夫人，真正要認真做好一件事，就不會只是做表面功夫。他更不知道，當初覺得是不可能的任務，日後點滴為台積電的文化注入了更多人性的溫度。如同被甦醒的陽光穿過，所有物體皆因

學佛、習畫的張淑芬悟心極高，很懂得將台積電的專業與社會需求結合，對世界做出更多貢獻。照片為作畫時專注的她。（廖志豪攝）

光顯現自身存在的意義。

一場修心之旅

對於張淑芬而言，這有如走上「慈悲與智慧」並行、精進的修心之旅。

當她聽到莊子壽的請求時，當下閃過的念頭是：「怎麼會找我？自己真正能做到什麼？」回家後，她問了張忠謀的意見。這位晶圓教父尊重她的選擇，不過給出了兩個原則：一是不能碰錢，二是員工也有家庭，台積電不能有不情願的志工。

思考後，張淑芬決定接下志工社社長。篤信佛法的她，本來就是樂善好施之人，只是行事低調，往往不願具名；另一個令她起心動念的原因，是一直以來很感恩上天給的福氣，總覺得應該多做公益，把她和張忠謀的福報分享給更多人。

相較於台積電人的理性，張淑芬象徵的是更豐富的感性，感受細膩卻保有純真之心，真誠相信人性的美好。她本來就不愛那些名媛貴婦的下午茶聚會，除非必要，宴會派對也不見她的身影。她的時間，除了陪伴張忠謀之外，就是作畫。那時的張淑芬開始學畫三年，把繪畫當做怡情養性的興趣。因為常年打坐，她的靜心與悟心極高，懂得用心情和感覺作畫，張忠謀也驚豔於非科班出身的太太所展露的才華。

這樣的張淑芬會給台積電志工社帶來什麼？

她像是一雙外來的眼睛，挖掘除了技術、營運之外的台積電寶藏——將台積電的專業與社會需求結合，對世界做出更多貢獻。

事實上，在她擔任社長後的第五年，二〇一三年，志工社已成為台積電的第一大社團，從原本的導覽志工、導讀志工，增加了社區、節能、生態等志工類別。特別是節能，更是出自張淑芬的點子，是史上第一次與外界分享全球之最的企業內部智慧，在新竹、台中與台南各廠區開課與安排實地參訪，將台積電在節能減碳的創新技術免費與各界分享。

在張淑芬的帶領下，志工社不但度過解散危機，九年後，志工社的豐碩成果還讓張忠謀讚賞：「台積電志工社在這麼少的人力、物力支援下，做得這麼好，早就該成立一個基金會，做為台積電企業社會責任的代表單位。」二〇一七年，公司遂成立台積電慈善基金會[2]，志工社正式納入基金會旗下。

張淑芬（中）帶領有方，志工社成果豐碩，張忠謀（右）讚賞有加，並於二〇一七年正式成立台積電慈善基金會，做為台積電企業社會責任的代表單位。（左一為台積電總裁魏哲家）

因著志工社，打開了台積電人的柔軟心門，啟動了在科技理性腦袋之下，一顆顆浪漫的「原心」。這兩字合起來為「愿」，是願的簡化字。

眾心成城，原心便能創造可預見的願景。

注1　張忠謀在二〇〇五年辭去總執行長，專任董事長，本想多出來的人生時光可以陪伴家人，沒想到二〇〇八年金融風暴引發全球企業裁員潮，台積電內部因應業務緊縮，嚴格執行績效管理與發展制度（PMD），二〇〇九年初發生資遣數百名員工的勞資糾紛，強烈衝擊了張忠謀創辦台積電的信念——台積人是公司最重要的資產。過往，台積電也曾經歷業務急遽緊縮，但張忠謀始終堅持不能因而裁員。除了裁員風波，另一方面，台積電亦面臨國際大廠的強大挑戰，必須進一步拉大與對手距離的關鍵時刻，張忠謀選擇重披戰袍。

注2　為了發揮更具體的社會影響力，整合資源與自發性的志工服務，台積電二〇一七年正式成立台積電慈善基金會，聚焦照護獨老、推廣孝道、關懷弱勢、保育環境，並由張淑芬擔任董事長。

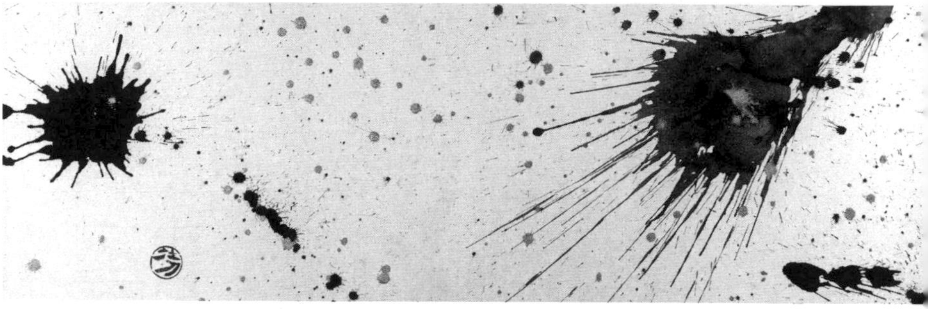

Chapter 2

當台積電的聰明腦遇上公益

十年磨一劍，從二〇〇九年開始，當台積電的聰明腦遇上公益，會創造什麼樣的心念風景？

知名媒體人陳文茜如此形容台積電重視綠能與永續發展的公益行動：「對一般人而言，浪漫僅僅代表個人愛情的追逐，或者沙漠中自我放逐，對台積電工程師而言，浪漫是相信小小的一個舉動，可以變大，可以改變世界；在別人還看不到路的時候，已直心行去。」

可以這麼說，台積電的聰明腦遇上公益，他們不僅要把事做好，更要做正確的事，他們在思考志工服務與企業社會責任時，一是考慮這個行動對他人有何影響；二是做自己專長與能力所及的事，三是不做錦上添花的事。

這是一種正觀（Right View）與正行（Right Action）的學習。正觀是擁有顆冷靜、專注的心，並且抱持著謙遜與同理的態度，正行是用對的動機做出對的決定，才能做正確的事。

愛的長期主義

比如，台積電不會選擇派對式的雨露均霑，而是聚焦資源，長期投入愛，堅持志工服務是細水長流。

像是新竹榮民之家，社區志工每兩週一次前往探視與照顧院內長者，從二〇一〇年開始至今情定十年。針對所有陪伴性質的志工服務，台積電志工社堅持愛是長期陪伴，一旦開始就要持續投入的長期主義。起因是，有一次張淑芬離開榮民之家，見著長輩失落的眼神，心中頓感不捨，一陣心酸湧上。她感嘆，當一個人盼不到下一次的快樂，比從未感受過更令人惆悵。

陪伴偏鄉學童的導讀志工自二〇〇四年成軍後，已經伴讀超過一千個偏鄉家庭的孩子，除了課後伴讀，志工們還幫忙興建學堂、整修教室，投入億元以上改善孩子們的學習環境。

二〇一五年的蘇迪勒颱風重摧花蓮秀林鄉，天災過後，四百多位的部落孩童克難地窩在鐵皮屋裡學習。台積電人發揮專長，超過六百人次志工，三個月內為部落打造出全新學堂，不僅如此，導讀志工利用休假日往返花蓮，從新竹坐高鐵到台北車站，轉搭火車直奔花蓮，再租車進去深山部落。

花蓮火車票難訂，志工們經常買不到回程票，但為了偏鄉學童，不曾想過要終止這份需要橫越四百多公里路的愛。

親上第一線的社長

志工社的服務原則是做台積電能力所及的事。

志工幹部會實地勘察，確認台積電能提供什麼服務，以及志工要進行服務的環境安全性，一來是盡量防範志工出任務時的風險，二來是保護受助者，不讓愛心變成對方的困擾，適得其反。像是當年榮民之家列出陪伴老人活動、餵食臥床長者等需求，志工社選擇陪伴老人活動，原因是餵食臥床長者需要受過專業看護訓練，並非志工本身的專長。

很多時刻，張淑芬是走第一線的人。台灣幾次重大災害，從八八風災、高雄氣爆、八仙塵爆、花蓮地震等，都能看到她率領志工團隊走進現場，訪察如何協助災後重建的纖細身影。

二〇〇九年，八八風災重創南台灣。張淑芬跟著團隊南下，想實地了解如何才能盡點心力，車抵台南時，一路經過彷若垃圾集散的泥濘街道、多處未退的惡臭積水，被大量毀損的房舍與農田，養殖場裡的牲畜也逃不過突如其來的厄運……，惡水肆虐後的一切在炎暑高溫直曬下，化成熱氣裡陣陣難耐的異味。

這一趟馬不停蹄。途中，志工團隊拜訪了一些正在清理家園的人家，經過一家養豬戶，一夕之間一千多頭豬全數溺斃，穿著防護衣、戴著口罩的國軍正把這些氣味難聞的豬隻屍體搬上車，要載往焚化廠。

那時，對她不熟悉的志工社幹部怕她無法適應，事先貼心提醒：「您可能無法適應災區的感覺與味道。」

「不用擔心我，我可以逕自調整。」其實，做公益的心早存於張淑芬的潛意識裡，過往的她是現代婦女基金會志工，常走到社會角落關懷悲苦弱勢。她也到過不少境況惡劣的地區或國家，像是多次去尼泊爾、西藏、印度等地。二〇〇八年的四川地震，張淑芬本來想前進災區，是因為得知進入災區交通十分困難，才轉以後援方式奉獻己力。

台積電志工不做錦上添花的事。走了台南縣將近十個鄉鎮，經過實地了解，除了家園，還有許多政府來不及修復的受創校園，然而，八月三十一日是全國中小學開學日，這些殘破不堪的校園若不盡快復原，師生如何上課、廚師如何製做營養午餐？

他們決定認養受災嚴重的九十六所國中、小學，跟迫在眉睫的開學期限賽跑。因為若等待政府撥款下來再公開招標發包，勢必影響孩子的受教權。何況，要在距離開學不到半個月的時間完成任務，需要的不只是經費，還有專業與效率，三者缺一不可。

把修復校園當成建廠，兩星期內，台積電整合協力廠商，動員了兩千七百人次的人力，趕在開學日前，完成所有校舍、廚房與機電設備的修繕工程，讓這些學校能夠順利開學。整修的過程中，他們也發現多所校園圖書館幾乎全毀，於是發起為災區學童募書的活動，邀請社會大眾捐出課外讀物給這些中小學。

「做社長，我第一件事學到的就是自己要走在第一線，」看到張淑芬這麼盡心，許多台積電員工深受感動，自動加入志工社，志工人數愈來愈多，後來還形成員工眷屬一同成為志工的美好風氣。

不在公司，就是在前往志工的路上

對於志工社成員來說，企業社會責任報告書裡的列表事蹟，是他們內心的直觀感受。突然之間，他們的專業除了能讓企業營利，也能讓社會獲得助力。很多員工因為志工社，人生有了不同的體驗，看見不一樣的世界。

舉例而言，台積電重視綠能與永續發展，創造組織利潤、自然資源和人類社群的三重盈餘，要做到張忠謀創辦台積電的目標——成為一家受人尊敬的世界級公司。

跟著志工社的腳步，許多原本「不在公司，就是在前往公司路上」的台積電工程師心甘情願的「不在公司，就是在前往志工的路上」。他們關懷老人，也陪伴孩子。他們由晶圓廠挺進重災區，從城市到偏鄉，發揮最暖心的「職業病」，用專業為災民重建家園與學校。

他們的腳步到了在新竹總部兩百五十公里外的阿里山部落，為在莫拉克風災失去家園的鄒族部落建設現代化竹筍廠與茶廠，修復了族人日常活動設施；他們也走進大街小巷，發揮工程師的專業，前進多所校園，檢驗用電系統，協助學校改善用電安全與節能計畫，為師生安全把關。

更重要的是，企業與自然資源、人類社群共榮的使命是志工們腳下踏著的真實土地，他們理解對大地的感恩是何等重要，社會責任報告裡的文字與報表是他們的真切感受，也是日積月累的綠足跡以及愛的記憶。正如張淑芬跟志工們說的：「企業社會責任不能只是在紙上寫，我們要用行動、溫度和愛去做。」

放小自己，才能看見對方

「台積電要放小自己，最好是把自己也放掉，才能看見受助者的需求，」張淑芬講的是佛法裡的無我，「做志工和做人一樣，都是終身學習的課題，現在的整個社會，每個人都把我放的太大了，把我放的很大，會什麼都視而不見，但如果我們能把自己放小，看什麼都是大的，想的也才會大。」

奇妙的是，張淑芬沒學過領導學，卻懂得用人生使命來領導志工團隊。她認為，喜悅是靈魂自然而然的語言，想要獲得喜悅，就要學習付出，「付出是祝福的出口，謝謝你們的努力，謝謝你們的付出！」不論是對志工或是外部的合作夥伴，她永遠把感謝掛在嘴邊。

過去的她曾是工研院台北辦事處主任，嫁給張忠謀後，全心回歸家庭。她為自己設好「張忠謀太太」的框架，只能幫他加分，不能減分，總說：「我很感謝我先生，如果沒有他，我沒有機會做公益，是他支持我做下去。」

這位半導體巨擘在她的眼中是偶像：「包括他的智慧、他的眼光和氣質，最主要是我了解這個人的誠正，他對員工、股東和供應商始終守住這個準則，這就是他成功的地方。」

她低調帶著志工社多年，從來沒開口跟張忠謀要人與要錢，「跟他談判太難了！腦細胞會死掉好多，根本說不過他，」逗趣話語的背後是她對另一半的體貼，「我不會、也不想給先生壓力，這是我對自己的要求。」

在她的領導之下，志工社讓台積電的公益之路走得更深遠。另一方面，她也立下志工社「不亂捐錢」的守則，任何的救災行動要先確實估價，也不能因為是善款就不重視成本，要一元當成兩塊錢來用。她謹守張忠謀當時訂的「不能碰錢」與「不能強迫員工」的行事原則，善款一定從公司會計直接轉進救災帳戶，直接、透明且不能浪費。公司內部的「台積 i 公益平台」只限員工自發性的捐款，也公告各地志工缺口，鼓勵員工身體力行參與公益。

張忠謀其實都看在眼裡，雖然無法親自參與志工社的公益行動，卻用最實質的力量支持著、信任著太太。有一年的社員大會，做為神祕嘉賓的他一現身，全場驚喜歡呼，現場他也幫志工社呼籲，要大家號召家人一起投入志工行列。

或許從一開始，張忠謀就預見張淑芬有顆開闊的心靈，能為台積電人加溫，帶來「心」的改變。他比張淑芬自己更清楚她的感染力：「在許多同仁以及眷屬心中，她絕對比我更有親和力。」

張淑芬很真，所以員工敢親近她。訪視偏鄉、災區現場也不挑食，常以小吃、便當飽腹。有記者隨行採訪她，第一次看到她跟司機、隨扈坐在路邊攤吃飯，難以置信，張淑芬笑著形容這很稀鬆平常啊，但小聲補了一句：「不能讓張忠謀知道，他很怕我在外頭亂吃東西。」

她為人溫暖，從不吝惜給予擁抱，總認為，擁抱會帶來人與人之間的溫度，讓對方感受到真心的祝福與力量。

有次，她碰到一位剛從田裡忙完農事，全身泥土的老農民，老農民見到她，熱情感謝台積電，張淑芬也回以擁抱，剛好被台積電同仁拍下，事後問她：「這位老伯伯全身那麼髒，你怎麼敢抱他？」

「我想給他一個擁抱，很自然就抱了，我不敢講自己是修行人，但我對人無分別心，也無性別之分，在我眼裡根本不覺得他身上髒。」無分別心，也是她想帶給志工的生命哲思。她說，人應生而平等，但事實上，世間往往是不公平的，有許多邊緣的人、弱小的人，「台積電同仁做的公益，是與我一起用第一線的思維去感受對方的需要，我們用愛、用智慧來共同努力，也把愛送出去，讓台灣社會多一點正向與美好。」

所以，她也是台積電人與外界的連結通道，替志工開心門，鼓勵他們持續投入公

張淑芬從不吝惜給予擁抱，覺得擁抱會帶來人與人之間的
溫度，讓對方感受到真心的祝福與力量。

益的同時，也為社會向台積電挖寶。

比如，張淑芬看到媒體報導台積電獨步全球的廢水回收技術，主動了解後，得知台積電各廠區均建置了自行研發的各種廢水回收系統，將每日使用的自來水全數回收、循環利用，達到一滴水平均可有三點五次的再利用，創下全球最高的廢水回收率。

「這麼棒的技術，為什麼不分享出來？你們拿掉與公司業務機密相關資訊，還是可以對外分享節能節水的做法，」她心裡想著，一家企業節水技術全球最高，對地球的貢獻有限，若是讓更多的公司或其他產業來參與，便能發揮更大效果，解決水資源的問題。

在她的推動之下，二〇一一年，台積電首度對外開設一系列「產業節能節水技術課程」，大方分享多年來的獨家節水祕笈，並且主動開放廠房讓外界參觀。晶圓廠向來非常重視智財權的保護，有各種滴水不漏的嚴密管控，像台積電的員工是不能攜帶智慧型手機進入辦公廠區；訪客的手機與具錄音錄影、存取功能的電子用品均不得帶入等，防止機密外洩。可以見得，這項做法對台積電是多麼大的突破。

成就好事的精神

台積電做公益還要盡量做到「助人就要徹底」的「成就好事」精神，要綜觀事情真相，發揮正直、誠信的品格，以堅強溫暖的同理心，締造利他的助人成果。也就是不能只給魚吃，要給釣竿，甚至教對方釣魚。

目前，台積電志工社擴展到七大服務專案，包含導覽志工、導讀志工、節能志工、社區志工、生態志工、廠區專案志工與孝道志工。每種志工都有自己的使命。

廠區專案志工是負責匯聚台積電內部各廠處員工的愛心與專長。社區志工要做長輩與孩童的好朋友，關懷獨居老人、榮民之家和兒童等弱勢族群，藉由分組表演、遊戲歡唱、藝術創作，以及一對一陪伴，將長輩、孩子與志工緊密結合在一起。

生態志工定位為守護生態的使者，認養場域，復育生態，並以台積電新竹晶圓十二廠、台中晶圓十五廠與台南晶圓十四廠的三大生態綠園區，以及台南市水雉生態教育園區為值勤據點，提供偏鄉學生與社區民眾生態保育解說，讓生態教育的種子萌芽。節能志工是經驗的推動者，提供專業諮詢，前往有節能需求的學校、醫院和組織機構，幫忙檢視建築構造、機器設備等，並協助改善能源使用效率，也將台積電節能省水方法，做成課程教學。

導讀志工要做閱讀世界的推手，用一本本好書做為通往世界的橋梁，為偏鄉學校孩童提供中英文導讀服務。導覽志工定位為知識的分享者，假日時可以在台中自然科學博物館與竹科的台積創新館看見他們，為社會大眾提供解說服務。孝道志工目標是喚醒社會對孝道的重視意識，與教育部合作開發教材，推動企業孝道親子工作坊，透過志工與教師在教育體系裡扎下孝的種子。

「台積電聚集了一群全台灣數一數二的金頭腦，每個人都有自己的專長，只要付出一點時間，善行凝聚，便能成就一件又一件，對社會有價值的事。」張淑芬看見許多志工透過服務人群，打開從小我通往大我的途徑。

做了超過十年志工社社長的她沒有別的祕訣，就是想法子打開每顆心，且身體力行，帶著一萬多顆（至二〇一九年志工人數）台積電的聰明腦，一起投向公益。

小小的善念因而萌芽，更因為加入許多金頭腦的好點子，從台積電把愛傳出去，最後串成連結社會資源的「愛互聯」平台，在公司成立台積電慈善基金會後，與基金會同事延續台積電志工社做公益的智慧，她還是堅持走在第一線，去感受問題，去碰觸受助者真正需求。

每顆心靈都有想助人的本性，「我」無法做到的事，「我們」也許可以；「我」要花二十年才能完成的事，「我們」也許兩年便能達成，只要有愛的行動，就算最初只是一絲微光，靠得愈近，就能愈顯亮眼。

以愛引路，我們會知道該怎麼走，由小個人變成大團隊，如月滿盈。

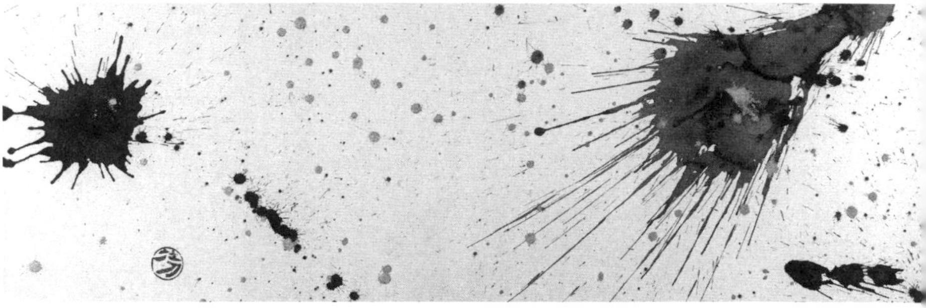

Chapter 3

智慧的慈悲——
讓正向的改變不斷發生

張乃千永遠忘不了二〇一四年的高雄氣爆，即使現在回想起來，心仍隱隱作痛。那時的他是高雄市社會局長，若非親身經歷，很難想像在一座先進城市地底埋著是付出三百多人死傷代價的老舊管線。

那是台灣史上罕見的工業災難。從七月的最後一天午夜跨過八月一日，三多路、凱旋路與一心路共約四公里的馬路，因地底工業管線的丙烯外洩，像被設定自動連線的炸彈，「碰、碰、碰」震天連響，所經之處全數炸裂，驚人的火燄直衝天際，平日堅硬的鐵板、水泥、柏油塊等物體此刻成了彈弓上的武器，威力彈飛，粗暴的砸毀夜深人靜。

炸開的道路體無完膚，深陷成一段段巨大壕溝，倉皇奔逃的民眾，車子哀號警報聲與警消鳴笛聲，伴隨著不間斷的氣爆聲，這一夜的高雄像是被地獄之火選中般的崩壞。

張乃千接到緊急通知後，一面聯絡十三家重大傷害責任醫院，一面急忙開車趕往救災現場，車還沒開到前鎮區，遠遠就看到火光。一到封鎖線，他震驚看著眼前出現的戰爭電影實景，像被空襲過的狠狠轟炸。沒有時間讓他多想，一場救援作戰行動才要開始。

凌晨兩點多，幾處收容所已滿千人，多數人一夜無眠。等到天亮，他正煩惱如何一口氣張羅數千人的早餐，高雄其他區域的熱心民眾紛紛主動支援，從那日起，湧進了各界捐款、物資與各處志工，讓人感受到這塊土地上的人們就算有再大的對立與紛爭、不平與喧囂，一遇重大災事，全民仍自動轉變為人飢己飢，人溺己溺的模式，這是善良的台灣，是存於這座島嶼的真善與美好。

當然，也包含台積電在內。張忠謀積極關切與確認台積電五百多名家住高雄的同仁與眷屬安危，並交代張淑芬：「錢不是問題，人才是，先下去看看，想辦法做到最好、最快。」公司也啟動「台積.i公益平台」內部捐款專戶，同時承諾完全承擔救災費用。

本來，心急如焚的張淑芬想立即到高雄，但被莊子壽勸退，因為沒人敢確定那時已經安全，加上根據莫拉克風災的經驗，前三天是救援黃金期，若非專業救難人員，去了反而影響救援工作。

先解決人的問題

八月四日，張淑芬與莊子壽等人南下勘災，他們分頭觀察滿目瘡痍的災區。二聖路與凱旋路口是丙烯洩漏點，當時由那噴出火舌，發生第一次氣爆，接著在凱旋路、一心路、三多路發生連環氣爆，遭炸翻的路面出現一個又一個四、五十公尺的大洞，不少輛汽車翻覆在裡頭，周邊建築也難以倖免。路上，還有家屬與法師在招魂。

這都是事後的統計了。

按向市政府請領「受災戶生活慰助金」的人數，那一夜的氣爆，死亡人數三十二人，傷者共三百二十一人，停電近三萬戶、停氣近兩萬四千戶、停水一萬三千五百戶、停話約兩千八百戶。氣爆沿線房屋損壞超過七百戶、汽車損毀七百多輛、機車損毀約四百三十台，受氣爆影響的災民超過五千三百人，店家與民宅、公用設施等財產損失估計數十億元。

張淑芬一路走，一路忍著淚，雖是歷劫的第四日，許多災民仍驚魂未定，問他們想要什麼協助，得到的答案大同小異：「我們想要回家，想要盡快恢復正常的生活。」

路斷了、房屋壞了、門窗沒了，家是咫尺天涯。台積電團隊決定，先解決人的問題——幫助災民回家，協助他們盡速恢復「接近正常」的生活。團隊訂出五項目標：一是為居民修繕民宅、門窗，讓他們可以盡快回家，重新安頓；二是在所有毀損路段，鋪設臨時便道與搭建安全圍籬，防止人員跌落氣爆溝內；三是預防災區變成疫區，尤其時值八月熱暑，先於炸開的路面深溝上鋪設細網，預防發生病媒蚊蟲及登革熱，維持災區環境衛生的品質；四是在受創嚴重的十字路口，建造穩固便橋，讓人車通行安全無礙，便道可以讓機車通行，下雨不會泥濘，也能降低沙塵。

最後，邀請災區的學童北上參加夏令營，帶領他們暫時遠離殘破的家園。

這是張淑芬的想法。那時還沒到災區，但她在高鐵上便暗自決定，要為災區的國小與國中學童辦一個快樂夏令營，她心想：「在開學之前，帶他們出來玩，多少能忘掉遇難的恐慌。」

張乃千記憶深刻，他接到的電話裡，有一通是張淑芬的祕書打來請教：「Sophie想為高雄做點事，也很想幫氣爆災區的孩童做點什麼，消除他們的緊張與害怕。」

等你們長大，再去幫助別人

八月二十五日上午，台北市立美術館的兒童藝術教育中心，響起一陣陣鬧哄哄的歡笑聲，這是一連三天台積電「愛．希望．重建」夏令營的開幕現場，來自高雄氣爆災區的八十五個學童、其他高雄市的二十三個學童，從國小三年級到國中三年級，全程由台積電免費招待。

有位怯生生的小女孩，想把手上的禮物拿給張淑芬。

「要給我的嗎？」張淑芬微笑看著小女孩，心疼現場有這麼多像她一樣的孩子，小小年紀就要經歷氣爆的驚恐。她笑咪咪接過禮物，還不忘在小女孩的臉頰「啵」一下，引得小女孩害羞的笑了。

「謝謝您與台積電志工邀請我們來台北參加夏令營。」當張淑芬聽到小朋友們的齊聲感謝，反而感性的要小朋友不用說謝謝，告訴他們：「不要去想那天晚上的事，如果覺得害怕，想想在這裡的開心時刻。等到你們長大了，有能力了，記得幫助別人，就像在這裡陪伴你們的志工哥哥、姊姊們一樣溫暖別人，讓別人開心！」

恐慌消除需要時間，但張淑芬希望孩子們日後回憶起二〇一四年八月，至少有一段是在夏令營的快樂時光，不要把焦點放在受創的記憶，而是迎向美好的未來，成長為有能力助人的大人。

如珍古德（Jane Goodall）說的，每位個體都重要，每位個體都有其角色發揮，每位個體都能造成改變。

感謝的紅布條

高雄氣爆發生的一個月後，居民自發性的在家門口掛起紅布條，從「台積電我愛你」、「台積電謝謝你們」、「謝謝台積電董事長夫人與志工」……，一幅幅感謝台積電的紅布條成了重建的另類風景。

台積電團隊在災區的施工期從八月七日到十月九日，累計出工總數近四千五百人次，平均日出工約為七十二人，累計機具進場四百五十六輛次，共修了三百六十五戶、造了五座橋、鋪了四點三公里路。

張淑芬為高雄氣爆的災區孩子舉辦夏令營，希望孩子能忘掉受災記憶，將來也有能力助人。

政府能做的是「救助」，但災民更多時候需要的是「幫助」，政府許多重建工作需要透過招標的行政作業，緩不濟急。

與災區居民一樣，多年後再提起，張乃千對台積電充滿感激，他說當年要不是台積電的高效率，災民想回到自己的家，那將是一條遠路。而且，這麼嚴重的災後重建，需要專業工程大型機械，也只有台積電能於最短時間內集合相關廠商。

張淑芬等人在八月四日第一次南下後，當日傍晚開會決定好救災方向。八月五日開始，由台積電領頭組成的三十多人救災管理團隊陸續進駐高雄，包含長期合作的建廠夥伴，如負責便道施工的達欣工程、房屋修繕的互助營造、機電維修的漢唐集成、室內裝修的元崇設計，與台積電新工處和志工社共同展開救災行動。

動用建造晶圓廠的黃金陣容是因為台積電認為，救災不是施捨，唯有好的工程品質，才能做為災民重生的起點，因為歷劫歸來，只要能回到自己的家，心至少能夠安定，心安了，才能有力量面對未來，這是台積電想為災民做到的事。

但，起初不是那麼順利。很多人不知道台積電，有些人以為是詐騙集團，更多人甚至認為，一旦接受台積電的幫助，就無法申請政府補助，或是修繕後會收到帳單。

莊子壽一開始帶著團隊挨家挨戶拜訪時，居民狐疑看著他們：「台積電？你們要做什麼？」儘管清楚解釋，居民還是半信半疑，覺得哪有這麼好的事，願意免費幫忙修繕房子。頭一、兩天，只有幾戶願意讓他們修紗窗、修門。

在沒有信任的基礎之下，台積電救災團隊決定找里長協助調查有修繕需求的家庭（排除家境好的），同時在災區設立臨時辦公室，讓災區居民隨時看的到、找的到。

化被動為主動，從災民的需求思考

台積電的救災思考是以「居民」為核心，因為災後居民的生活面臨很大問題，尤其是房子受損的居家安全，像有位單親媽媽住的房屋玻璃全被炸碎，自己也找不到工人，整日擔心家裡會遭小偷，但房子結構體未受損，無法申請政府補助，當台積電幫這位單親媽媽免費裝上新玻璃，她與兩個女兒終於能睡的安穩。

其實，災民最想要解決的是生活之苦。不少間房屋被炸壞，偏偏又逢颱風季，外頭淹水，家裡跟著下雨。有災民的水塔被炸破，一家人無水可用，連基本生活的上廁所、洗澡都成問題；也有天外飛來大鐵板砸進災民家中，出動阿兵哥救援也抬不下來；一大堆被波及的街邊店家因為無法開門做生意，生計成了問題，像有家機車行的老闆好不容易把貸款還清，結果店面被燒到幾近全毀，夫妻兩人無語問蒼天。

高雄氣爆後，不時下起超大豪雨，災區重建變得要和豪雨賽跑。台積電團隊在災區穿梭，看一間修理一間，被砸破的屋頂、被炸歪的門窗、門前面目全非的人行道……，他們一個一個排除障礙，解決問題。

一扇又一扇的門窗能關了，一間又一間的房子修好了，一條又一條的道路暫時通行了，居民可以回家住了，店家可以做生意了。只有回歸到正常生活軌道，居民才能自食其力，重新生活。

張淑芬在電視上看到台積電志工冒著大雨在氣爆現場工作，忍不住打電話，希望大家能夠休息，志工卻告訴她：「一點也不苦，我們是心甘情願的，要趁現在趕緊搶時間修補。」她是流著淚掛上電話，哽咽對張忠謀說謝謝：「你的員工真的很棒！」

要助人，就做到最實在

「企業做公益不要只談捐錢，要冷靜，看看哪裡是政府無法做到，卻是災民迫切需要協助的地方，」這是張淑芬對團隊常說的話。台積電會視災民需求，以不同方式，包括發起募款、提供人力協助、協助災後復原等，用最實際的行動發揮力量。

過去，台積電也是每逢災難就響應捐錢，但張淑芬發現，最後沒人清楚知道善款的最終結果。她不認為，企業捐完錢就是盡了社會責任。於是，她向張忠謀提議：「這事可不可以讓志工社來做？」

現在，台積電捐錢一定要花在最需要之處，但哪裡最需要援助？這是張淑芬堅持走第一線實地了解的原因。

「做公益像是撿石頭，不是所有的石頭都有能力撿的起來，我們得有重點的選擇。」二〇一五年的八仙塵爆，企業都捐錢，台積電卻捐贈壓力衣，因為張淑芬請教專業燒燙傷醫師後，決定為八仙塵爆傷患提供壓力衣，進行復健，並支持傷患重建心靈，給予他們在復原之路上最實質的幫助。

台積電的經驗是，助人獨立才能創造善的正面循環。

像莫拉克風災後，行政院重建委員尋求台積電協助災後產業重建，當時有四個重災區需要認養，張淑芬心想，要做就挑最遠，且最需要幫助的地方吧。

那個地方是阿里山的里佳部落。莊子壽印象深刻，「我連聽都沒聽過，從阿里山腳到山上要花費半小時，轉進產業道路，還要再開一個多鐘頭。」張淑芬堅持親赴現場，路況很糟，途中還見到其他車翻覆山下，結果她沿途嘔吐，最後是下車走路進去。

部落村長以為他們就像其他企業代表來看一眼，捐個十萬元就走人。然而，張淑芬、莊子壽一行人訪查後，留下來和村民開會。他們得知，當地主要收入是茶葉與竹筍，卻長期受制於中盤商，決心改善關鍵問題。訪查時，張淑芬聽到災後的四個月，部落完全沒收入，當時年關將近，為了讓災民安心過年，她請志工社在公司內發起團購活動，還特別安排災區農產品義賣活動。

後來，經過幾次討論，台積電決定投入三年的時間以及近億元預算，興建現代化的竹筍加工廠與專業製茶廠，解決部落的發展瓶頸。另一方面，著手提供村民工廠教育訓練，提升製造品質，替部落引進食品驗證與有機認證系統師資與顧問，協助部落發展農產品加工事業，設計品牌視覺標誌，重新注入原鄉產業的發展動力。

這就是台積電用智慧做慈善的哲學，助人的最終目的是要創造正向的改變，並且持續發生。

莎士比亞有句發人省思的話：有巨人的力量固然好，但像巨人那樣濫用力量就是一種殘暴的行為。企業做公益是必要的社會責任，但怎麼做、要做到什麼程度，卻是一種追尋美德的自由選擇。當在追尋美德之路時，思維已經決定了會走上哪一條路。

「我們所做的助人之事都是要幫助受助者能夠獨立，但不能養成依賴心，」張淑芬說，台積電做能做的，但不回頭看，「我們就是一直往前，想著怎麼樣能做得最實在、更徹底，怎樣才能真正幫助到人。」

一個人做的夢，就只能是個夢；一群人懷抱著同一個夢想，便能夠成就真實。

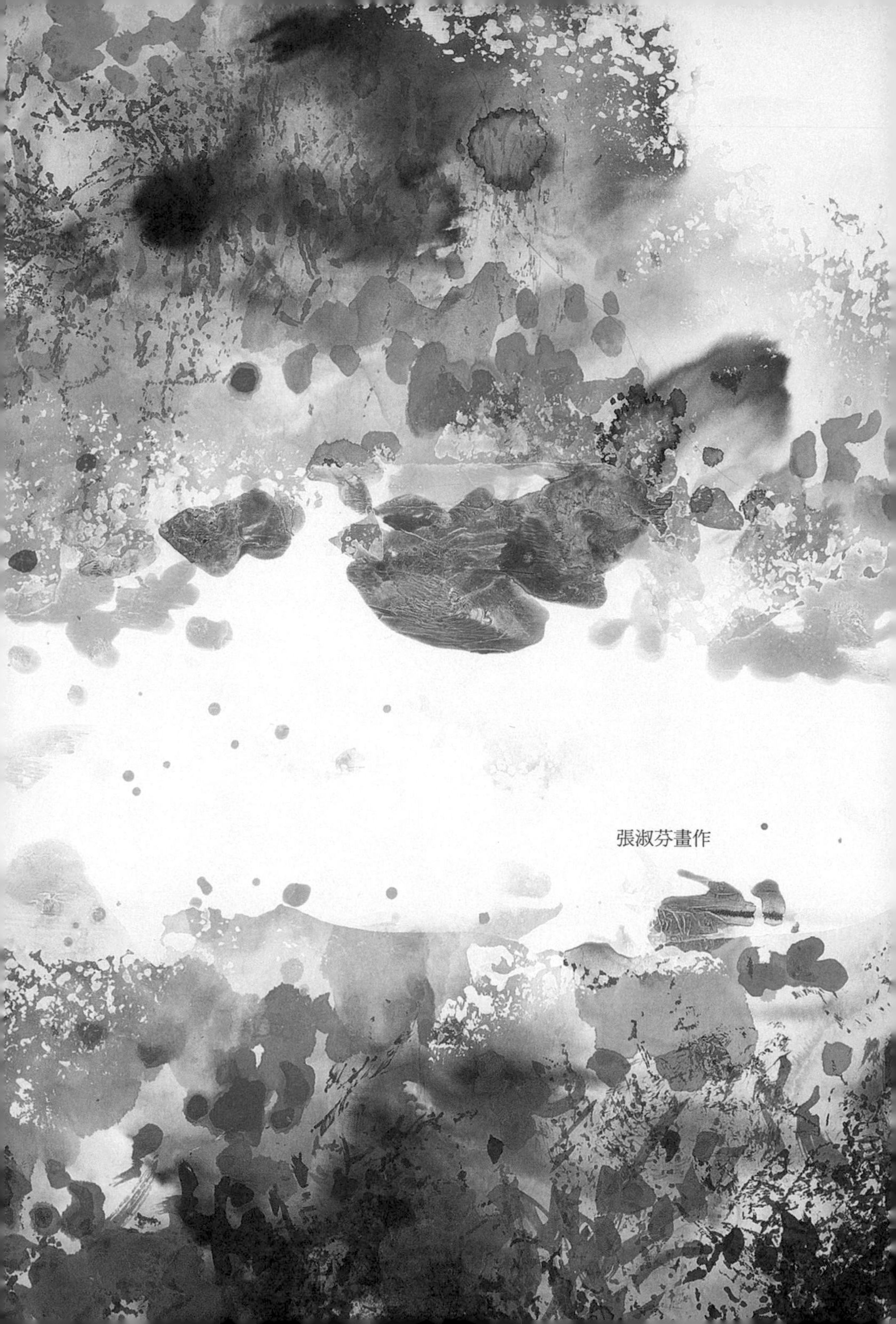

張淑芬畫作

二

點亮一盞燈，
站在人間，待人如己，
使孤單的靈魂，
身上也能看見光。

把愛送出去——從志工社到台積電慈善基金會

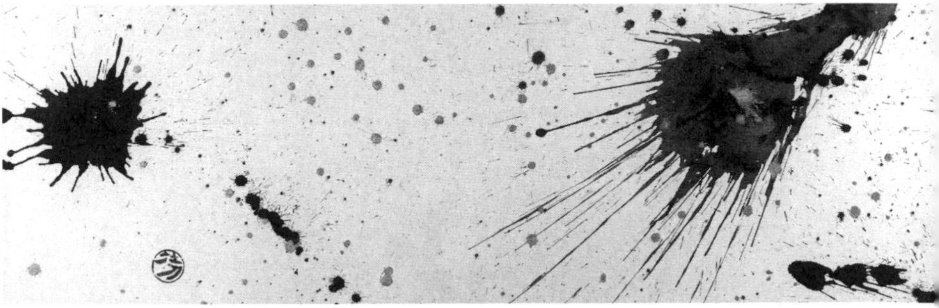

Chapter 4

由內而外，改變世界

台積電有個由張忠謀親自定義，能讓台積電永遠持續經營的策略矩陣。這個矩陣就像是台積電保持第一的祕訣，被全公司上下奉為圭臬。只要參透這張表的精神，至少能預見未來五十年的競爭力。

這張表就是台積電的企業社會責任矩陣（如圖1）。橫軸是台積電連結社會需求的七個面向，包含道德、商業水準、經濟、法治、關懷地球與下一代、平衡生活與快樂、公益等七大領域，台積電期許自己能在這些領域裡，為社會建立永續典範。

縱軸是依著台積電的誠信正直、強化環保與關懷弱勢三大使命，對應到七大領域所開展的十二項具體做法，包括了誠信正直、守法、反對貪腐（不賄賂、不搞政商關係）、環保（氣候變遷、節能）、重視公司治理、提供優質工作、優質股東回饋、推動員工生活平衡、積極鼓勵創新、提供優良工作環境，以及結合台積電文教基金會、台積電慈善基金會的公益行動，共同打造台積電成為社會向上力量的願景。

二〇一七年的台積電企業社會責任報告書，資深副總經理暨企業社會責任委員會主席何麗梅寫了這麼一段話：

「這一年來，我們愈來愈接近社區，除透過台積電文教基金會繼續深耕藝術文

圖 1　企業社會責任矩陣

社會／台積公司	道德	商業水準	經濟	法治	關懷地球為下一代著想	平衡生活／快樂	公益
誠信正直	●	●					
守法				●			
反對貪腐、不賄賂、不搞政商關係	●	●		●			
環保、氣候變遷、節能				●	●		
重視公司治理		●	●	●			
提供優質工作			●			●	
優質股東回饋			●				
推動員工生活平衡						●	
積極鼓勵創新		●	●				
提供優良工作環境						●	
台積電慈善基金會					●	●	●
台積電文教基金會					●	●	●

化、支持多元教育外，更進一步整合公司資源與同仁自發性的志工服務，成立台積電慈善基金會，結合員工的力量，推廣孝道，迎接樂齡社會，協助弱勢族群在教育與生活獲得資源、謀求幸福。」

自那開始，張淑芬多了一個身份——台積電慈善基金會董事長。她在演講場合總會幽自己一默：「不要叫我張董事長，我會以為你們是在說張忠謀，還是叫我Sophie，我比較習慣。」

台積電慈善基金會是在原來的志工社基礎上，由台積電捐助三千萬元，於二〇一七年六月正式成立，擴大對公益的推廣。它的策略任務被明確聚焦在關懷地球與下一代、平衡生活與快樂、公益的三大面向，也是台積電「企業社會責任委員會」的成員（如圖2）。

「企業社會責任委員會」是公司最高層級的企業社會責任管理平台，包含財務、人資、品質、營運、法務、資訊、基金會等各組織委員，接軌國際標準，遵循聯合國永續發展目標羅盤（UN SDG Compass），並積極平衡各利害關係人的利益，驅動產業與供應鏈的正向發展，建立由上而下、橫向串聯的跨部門溝通。每年擬定連結永續

圖 2　企業社會責任委員會
台積公司內部最高層級的企業社會責任管理平台

主席　由董事長指派財務長擔任委員會主席

委員　與經濟、環境、社會及治理面向相關的功能組織推派管理代表

主要工作項目

- 每季　召開會議，督導各面向永續議題的執行績效，進行跨部門溝通協調與資源整合，建立持續改善計畫
- 每年　由主席向董事會報告當年度執行成果與下年度工作計畫

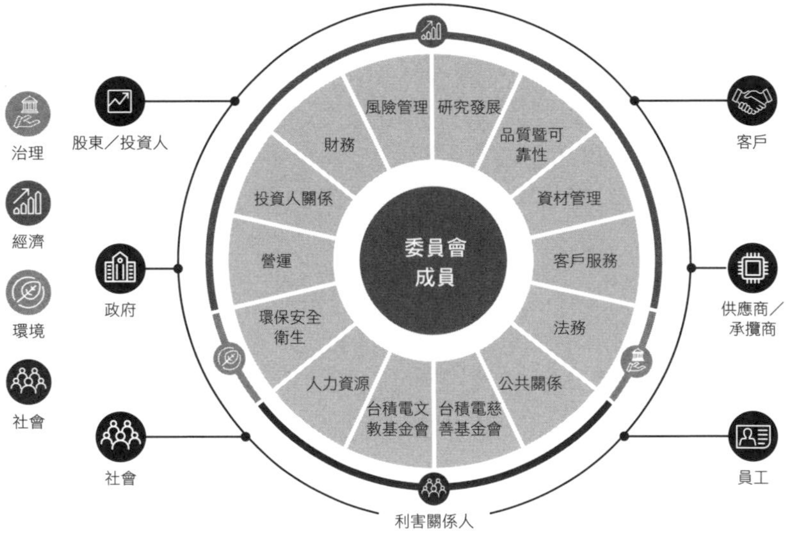

發展目標（Sustainable Development Goals, SDGs）的策略與中長期目標，追蹤執行成效。

值得一提的是，台積電慈善基金會是企業社會責任所有委員裡，由員工自發性長出來的組織。從原來只有三百人的志工社，到現在有超過四分之一的台積電人成為志工，這一萬多個紅衣天使（志工社的背心是紅色）形塑了台積電的慈悲心（Compassion）文化，亦形成台積電另一種軟實力。

從下而上的慈悲心文化

這是一種由下而上的力量，事實上，這在創新的世界級企業中是不可被忽視的團隊動力。

以開放、創新見長的 Google，它在教育、脫貧、醫療環境與衛生問題等社會行動上，常是由員工發起，這些社會行動累積壯大到一定程度，就會正式納入公司政策。舉例而言，Google 全球員工每年在當地社區貢獻勞力的公益活動，起頭者是三位員工；海地大地震時，一群 Google 工程師與產品經理即主動聚在一起，通宵打造出可以讓災民找到親朋好友的工具。

Google 知名元老級工程師、創辦 Google 內部「搜尋內在自我」課程的陳一鳴曾在 TED 演講分享：「Google 是在理想主義上誕生與成長的公司，也因此慈悲是有機的滲透在整個組織文化裡。當你早上到公司，你的同事剛決定要去為印度的貧窮社區籌建醫院，你怎麼可能不受到同事的啟發呢？」他發現，慈悲心不僅能讓人生變得有趣，還能讓企業成為一家高效能的公司，因為這能夠培養出詹姆．柯林斯（Jim Collins）在《從A到A+》裡所提到的第五級領導人，以及讓員工相互啟發，成為有創造力的團隊。

像 Google 這樣具慈悲之心的企業（Compassionate company）在太平洋的這端亦存在。

隨著志工社愈來愈茁莊，台積電培育出一大群具慈悲心的員工。「公司治理到一個程度，你可以給員工財務上、工作上的成就，卻未必能讓他的生命覺得光采。如何讓你的員工過得快樂，是讓他找到生命的價值，而 Sophie 補足了這一塊。」莊子壽認為，志工社為台積電的企業文化帶來了正面影響力。

二〇一八年，台積電市場占有率連續九年成長，高達五六％，營收與獲利亦連續七年創新高，是全球最大的專業積體電路製造服務公司。除了獲利數字之外，台積電在企業公民責任上更足以為典範，受國際永續評比肯定，至二〇一九年，連續十九年獲選為道瓊永續指數組成企業，入榜紀錄位居全球半導體企業之首。同時，也榮獲全球五十大創新企業、MSCI全球ESG領導者指數成分股、全球最佳僱主之一、全球百大最佳永續發展企業等不勝枚舉的榮耀。

企業應該是幸福的製造者，真正的領導之道是為所有人創造正面的改變，志工社或許沒有絕對直接的因果關係，但無法否認的，在員工成長面向上，它是個不容小覷的激勵因子，因為這是心靈的啟發，不是目標管理下的動機。

我們是相互依存的一體

在未來的世界裡，具有慈悲心的組織文化可能會成為偉大公司的條件之一。員工之間會互相激勵，也會將慈悲心體現在職場上，認知到這個世界是個反射的萬花筒，人與群體之間要有相互依存的體認。而這樣的相互依存擴散至組織外部，就是體現企業的社會責任。

哲學家麥金泰爾（Alasdair MacIntyre）認為，每個人本身面臨的處境，一定都背負著某種社會身份，比如是某人子女、某市公民、某從業公會或業界之成員，屬於某宗族、部落、國族，因此，對一個人而言是良善的事，對角色雷同的某人也是良善，一個人從家庭、城市、部落、國族的過去繼承了期望、權利、義務、責任等，這些即構成人生的道德起點。

人們常以為自己是獨立個體，只要做好自己，跟其他人無關；組織也以為只要自身保持卓越，或是做到領頭羊，就能完全不受到其他組織好壞的影響。其實不然，我們是整體的一部分，人們即使付費，仍然依賴彼此的貢獻，才能獲得食物、服務、教育、工作等生活所需。組織也要依賴股東、員工、客戶、協力廠商、政府等利害關係人，才能創造價值。

換言之，一個人若想追求人生的目標意義，就要學習把心放大，從大處著眼，認知到個體之間是相互依存的一體，從群體看自己，把焦點放在大我。

參與公益正是一種人人可得的途徑。「我們所走過的路，到老了再回過頭來看，絕對會是充滿著意義，這就是投入公益最大的喜悅。希望我們這小小的種子，可以喚起社會上更多的溫暖與關注，讓善與美好可以成長、茁壯，形成更大的影響力。」這是張淑芬以及參與志工服務的台積電員工做公益而得的收穫。

他們體悟，付出是學習人生，別人的生命隨時會為自己帶來啟發，付出本身就是最高的豐收，不只支持著他們的實踐，也幫助他們探索各種實踐中的「內在利益」——不斷發現新的自我，深化對人生的認識。

有許多研究也證明，付出才能帶來真正的快樂，誠如達賴喇嘛說的，如果想讓別人快樂，練習慈悲心；如果自己想變得快樂，也是練習慈悲心。

打造「把愛送出去」的公益平台

台積電志工社的公益行動也擴及到供應商，以及外界企業。

像是高雄氣爆救災，除了內部員工捐款超過千萬，台積電承諾完全承擔救災費用之外，在「國際半導體設備與材料產業協會」多家會員公司表達參與台積電救災行動的意願之下，那次，台積電開放外界共襄義舉，參與者亦從中學到，原來企業參與救災的模式可以有許多的可能性。

台積電慈善基金會成立後，張淑芬開始打造一個獨立於台積電之外的「把愛送出去」公益平台，讓志工行動從志工社傳遞到基金會，由內而外，邀請外界共同來改變世界，希望能夠整合企業與民間的眾人之力，讓資源能更聚焦，更多人能參與。

在她的想法裡，這個公益平台的光環不必在台積電，而是分享給所有參與者，也就是說，台積電慈善基金會要當一位點燈者，邀請志同道合的企業與有心人一起照亮社會暗角。

其實，張淑芬想打造平台的想法從二〇一四年就開始。當時，她與志工社幹部走訪全台的醫療與社福單位，尋找對獨居老人有協助意願的合作夥伴，想串起照顧低收入獨居長者的「愛互聯」網絡。為了這項公益行動，張淑芬用上親朋好友，推動獨老醫療、陪伴、援助與關懷。

她發現，若只依賴自己的人際關係，速度太慢，「我需要大家一起來幫忙，需要更多人願意參與，才能真正把愛送出去。」因而，當基金會成立後，她下定決心要做一個連結外部資源的平台，於是，她接受各方演講邀約，成為公益行動的「超級業務」。

「我需要食物，你們可以幫忙嗎？」、「我需要教材與平板電腦給偏鄉的孩子，你們願意提供嗎？」、「我們有一萬一戶，歡迎大家一起參與，可以幾個人一起認領，負擔就不會太重，這裡可以連結到我們的網站，」她經常指著演講投影簡報上的二維條碼，每次演講的最後，總會大聲疾呼，希望大家把愛送出去。

讓沒有聲音的人被看見

二〇一九年，「把愛送出去」平台已經有孝道推廣、惜食專案、一萬一戶與急難救助、偏鄉醫療、偏鄉教育等公益項目，連結了幾十個企業與組織的公益資源，像是捐贈格外品協助弱勢的奇美食品、桂冠食品、新東陽食品；加入愛互聯的台北榮民總

張淑芬的心願很簡單，就是希望帶動大家內心的愛，打開門戶，走出來幫助那些沒有聲音的人們，相信每個人都可以用自己的專長和興趣，帶給社會正能量。

醫院、中國醫藥大學附設醫院、富邦金控；協助偏鄉弱勢的台電、世界先進、裕隆、中油等等（參見附錄二），張淑芬從不吝於公開感謝這群公益好夥伴，甚至在簡報以專頁呈現。

「我的心願很簡單，就是希望帶動大家內心的愛，打開門戶，走出來幫助那些沒有聲音的人們。我從未想過要有什麼影響力，只是笨笨的照自己理念一路前行。我相信，每個人都可以在自己的專長和興趣所在的領域去行動，去給社會正能量。」

人是說故事的動物，自己的生命也含括諸多的生命故事在內。我們可能會發現，這個社會有我們想要改變的地方，但重要的是，不要只是批評，不要只是發怒，也不要冷漠以對，透過志工行動，可以認識到我們對他人的關愛並非可有可無，而是能成就、豐盛彼此。

因為當能關愛他人，就能深深感受與同理，當愈來愈多人懂得怎麼去愛人，愛將激發個人的行動，進而實際利益整個社會。

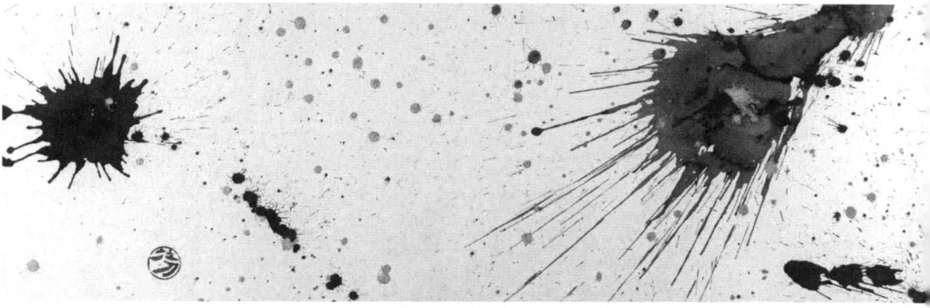

Chapter 5

愛互聯之無人聞問的孤獨——讓獨居老人不再是孤島

愛若不夠，孤獨的心就會痛。

原本只是被莊子壽情商「掛名」的社長，張淑芬不僅發揮自己的號召力，更熱心投入，她特別牽掛獨居老人，只要時間許可，都會盡量參與幫助獨老的志工活動。

幾年前的冬天，志工社舉辦捐贈到宅服務車活動，她在現場看見有位全盲的長者被志工牽著，雖然看不到眼前世界，但笑得跟陽光一樣燦爛，還有些長者被志工們摟抱著，像家人般互動，張淑芬不禁想到活動結束後，這些獨居老人怎麼辦？離開時，她對那些長者許諾：「我們會為你們做得更多！」

她不斷思考著，還能為獨居、弱勢長輩盡些什麼心力？重要的是，要能夠涓滴成河、長期投入，而不是滂沱但短暫的午後雷雨。

回去後，張淑芬努力思索獨居老人的需求以及台積電在其中能做的事。那幾個月，她的足跡走進偏鄉，探望獨居在陳舊屋舍的長者，看到他們臉龐上的歲月刻痕因訪客雀躍群聚。她不想讓這些長輩的開懷笑容只是曇花一現。

與志工幹部實地走訪後，她發現這些無人聞問的老人一旦生病了，很多人是走不出家門，如同一座孤島，求助無援，最終生命無聲無息地消逝，心疼獨居長輩的處境，張淑芬開始致力於資源的整合。

串聯北中南東的醫療照護資源

坦白說，那時張淑芬也沒有整合的經驗，只能做中學。先是透過自己的人脈網絡，找尋願意參與關注獨居老人的組織與意見領袖，連結各方資源，解決醫療資源的斷層。二〇一四年開始，由她出面號召，成立愛互聯。初期，愛互聯就像是暢通人體的血管，想打通全台各區域的相關醫療照護資源，以便能順利進入獨居長者的家中。

起初，從牙醫服務開始，因為許多獨居老人的牙口欠佳，導致進食不易，無法吸收營養；再來，尋找各大醫院合作，透過專線、社工與志工服務，巡迴健檢，並解決獨居老人不易取得醫療資源的問題，像是為低收入的獨居老人提供掛號服務專線、減免掛號費，降低治療門檻、與在地志工攜手，協助就診與出院後的居家照護。

對照政府落實在地老化，推出居家照護與社區服務的長照政策，二〇一七年「長期照顧服務法」也正式上路。台積電志工社（現納入台積電慈善基金會）的愛互聯算是先行者。

台積電總部所在的新竹是首站。二〇一四年四月，台積電志工社首先串聯台大醫院新竹分院、新竹縣牙醫公會、華山基金會，搭起「新竹愛互聯」合作平台。之後，再加入老五老基金會新竹服務中心、台北榮民總醫院新竹分院，擴大關懷網絡。在愛互聯的平台上，除了台積電的志工，還有其他組織機構、民間志工的參與，他們平日進行獨居老人的居家訪視與關懷，協助長輩量血壓、打掃環境等。小年夜時，還發起「擁抱獨老愛不打烊」的活動，分頭將年菜送到獨居長者家中，讓他們也能享用熱呼呼的年菜。而這項送年菜的暖心舉動已成為每年各區愛互聯的共同行事曆。

同年八月，愛互聯來到了台中。台積電志工社結合中國醫藥大學附設醫院（中國附醫）、林增連慈善基金會、老五老基金會，啟動中部愛互聯，能這麼快成形，主要是由鉅建設董事長林嘉琪。兩人在一場餐會上遇到，張淑芬提起愛互聯的想法，問林嘉琪能不能幫忙？

林嘉琪創辦了以父親為名的林增連慈善基金會，林增連生前熱心社會公益，也跟中國附醫董事長蔡長海共同創辦亞洲大學。因為父親是腦幹出血與世長辭，林嘉琪想

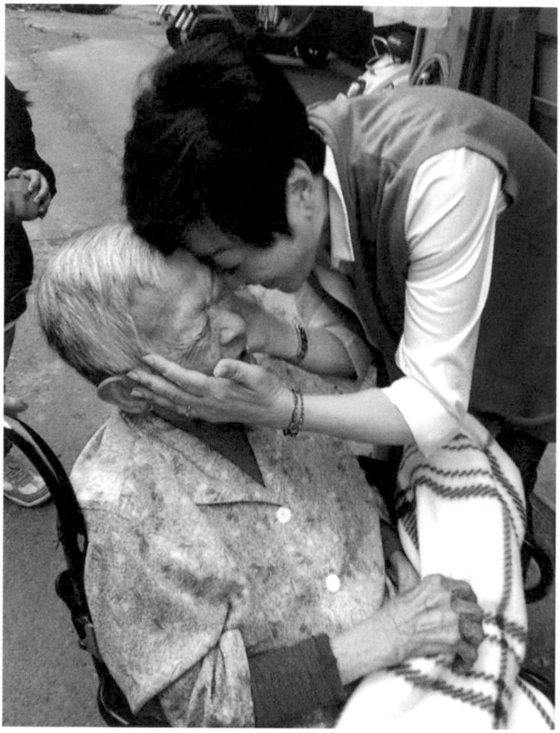

張淑芬探望獨居的長者，看到他們臉龐上的歲月刻痕因訪客雀躍群聚，她不斷努力讓這些笑容不會只是曇花一現。

要避免相同悲劇一再發生，一直以來，與中國附醫合作，致力於腦中風的防治宣導。

張淑芬希望林嘉琪把對父親的愛擴大到對獨居、弱勢老人的關懷，一起來做中部的愛互聯。

全台海拔最高的愛互聯據點

雖然，林嘉琪內心十分認同愛互聯的理念，但沒把握能否做好，不敢貿然承諾，於是跟張淑芬說會回去先研究。幾乎是第一時間看出她對自己的不確定，張淑芬對林嘉琪說：「不用想太多，直接去第一線，就知道該怎麼做。我相信你能做到的，我們一起傳遞更多的愛出去。」

於是，透過林嘉琪，中國附醫也加入了愛互聯。有了醫療院所，中部愛互聯整合醫療與社團資源，做出了當時照護獨居老人的新模式，提供了全方位服務，包含投入專職個案管理師、二十四小時專線、緊急狀況處置與接送、醫護聯合到宅訪視、到院就醫優待、免掛號費與部分負擔、住院醫療協助、電訪關懷與送餐等，逢年過節，志工們也會接長輩出來聚餐與送上年菜。

中國附醫本來就有投入偏鄉醫療照護的經驗，從一九九七年起，義診團隊就會到偏遠山區義診，因著愛互聯，他們更加深化對偏鄉的服務。

二〇一七年，中部愛互聯在南投縣信義鄉，設立全台海拔最高的「愛的據點」——雙龍日托中心，台積電慈善基金會捐贈一部交通車，林增連慈善基金會及中國附醫也捐贈設施與設備，讓部落的失能、失智長輩白天不必獨留家中，將醫療照顧資源送到海拔八百公尺的深山部落。

受到張淑芬的影響，林嘉琪出錢出力，也投入志工，訪視獨居老人。她曾遇到一位長輩，在電鍋裡面蒸保麗龍便當，她好意提醒這會產生毒素，沒料到對方的回答令她為之鼻酸。這位已經有厭世想法的長輩雖然知道會有毒素，但他對林嘉琪表示：「我對社會沒有價值了，活在世上只是一個帶給別人麻煩的累贅。」

那一剎那，林嘉琪深刻感受到愛互聯的重要，「每個人都會老，幸運的人有家人陪伴，然而，對於沒那麼幸運的人，至少我們能讓他們覺得社會有溫暖，讓他們知道還有人想到他們。」回想當初，張淑芬不時會主動詢問她愛互聯的落實情形，「Sophie

很有熱情，一有想法馬上就會去做，身體力行，盯緊進度，願意替這個平台付出心力，出現困難，她也一定立即面對與想辦法解決。」

愛的接力賽，讓傳遞愛成習慣

這個社會其實很有愛，只要有人願意出來整合，愛互聯也到了台南、高雄、花東。

二〇一四年十一月，台南愛互聯正式啟動，結合台灣普力關懷協會、衛福部嘉南療養院、新樓醫院、台南醫院等單位，一起投入獨居老人的送餐關懷和到宅服務。台灣普力關懷協會是由理事長張慧芳創立，因有一年與幾位好友出遊印度，啟發她投入社會公益，之所以命名為「普力」是希望能集普世力量，以感恩的心行善，奉獻社會。原先是投入急難救助，以及對孩童與視障朋友的協助。

張慧芳受到張淑芬的感召，關懷對象納入獨居長者，也連結在地大專校院，與嘉南藥理大學、中華醫事科技大學合作，協會提供獎學金給護理相關科系學生，鼓勵年輕世代關懷獨老。

此外，居家訪視服務不限台南地區，嘉義與高雄均有關懷個案，並視個案狀況，提供送餐、所需物資或補助金。若有醫療需求，就會轉介給台南愛互聯的醫療院所成員。長照政策上路後，更延伸了愛互聯的概念，加強與台南各社區據點合作，以多元活動鼓勵各社區的高齡長輩彼此關懷，互相學習，投身社區志工行列。

高雄愛互聯則是在教育體系落實志工服務教育，與輔英科技大學合作，由學校的志工關懷服務活動擴展到偏鄉社區長輩，讓不同科系的學生們參與。學生志工們的腳步走過高雄、屏東、台東、南投等縣市，進行長輩的團體衛教與居家訪視。高齡照護相關的科系，如高齡與長期照護事業系、物理治療系的學生志工還會運用例假日，服務獨居與弱勢長輩。

以愛為出發點，找到有志一同，願意付出的有心人，喚起眾人自發的慈悲心，如此才能持續匯聚，這也是愛互聯的存在意義，透過成員之間連動與整合，發揮更大、更有效率的力量，讓傳遞愛成為習慣。

首創花蓮送餐保溫餐車

在台灣的西部完成愛的連線後，張淑芬也想為東部成立愛互聯。二〇一五年四月，愛互聯前進花蓮。連結花蓮門諾醫院、門諾基金會的在地資源，台積電志工社為他們募集兩百多萬元的捐款，並購置了兩台送餐保溫餐車，捐贈給門諾基金會，讓一份便當也能化做溫暖獨居老人的力量。

花蓮地區臨海風大，尤其是冬天，便當往往到長者手中都已冷掉，雖然有用保溫袋送餐，但只能讓溫度不那麼快下降，效果十分有限。過去，工作人員曾洽詢相關廠商，還是無法找出對應的解決辦法。後來，台積電志工發揮工程師的聰明腦，研發出餐車的加熱恆溫設備，讓冬天時送到獨居長者手中的便當也能是溫熱的。台中市政府還特別派員到花蓮考察這兩台保溫車。

同年六月，區域拼圖更趨完整，台北愛互聯成立。台積電志工社串起台北榮民總醫院、關渡醫院與老五老基金會台北服務中心，連結高齡醫療現場到出院後的社區照護與居家關懷，提供獨居長者完整且即時的照顧。

成為獨老失智早期介入管道

台北榮民總醫院高齡醫學中心主任陳亮恭，是台北愛互聯的核心人物，認為愛互聯剛好可以做為獨居老人失智症早期介入的管道。台北愛互聯的做法是：舉辦訓練營，培訓志工的敏感度與評估技巧，讓他們進行志工服務時，能察覺長輩異狀。若有疑似症狀，便通報給愛互聯，醫療院所再派專人前去訪視評估，安排後續門診治療。

這在當時是一項很大的突破。過去就是缺乏及早發現失智症的管道，獨居長者很難及早治療。因為沒有與家人或主要照護者同住，常發生罹患失智症而不自知，等到症狀嚴重被送去就醫時，往往都已經影響生活自理的功能。

愛一旦啟動，互相串聯，就能有無限大的延伸。

至今，愛互聯的平台模式持續在全台擴展，由每個地區發展出當地所需的做法，使醫療院所、社福團體、企業、組織機構跨越照護體系的界限，各種照護資源可以在平台上充分討論與連結，真實進入社區、長者的家庭，讓關懷長者的各界在共同信念下，攜手協同合作，實現高齡長者全面照護的可能模式。

這幾年，台積電慈善基金會更聚焦於偏鄉，他們發現，還有許多偏鄉的獨居長輩極需協助，除了物質、醫療資源之外，更需要陪伴與關懷。

未來有愈來愈多的獨老

二〇一八年，台灣進入高齡社會，六十五歲以上的老年人口占總人口比率超過一四%。再看二〇一九年，老年人口連續三年增幅超過五%，根據國發會推估，二〇二六年台灣將會進入超高齡社會，高齡人口比率超過二〇%。

但，比起老年人口增長比率，那一條比其他國家還要陡峭的增長曲線才令人著實擔憂。

相較於亞洲第一個進入超高齡社會的日本，日本從一九九四年成為高齡社會，到二〇〇五年進入超高齡社會，走了十一年；再與全球第一個進入高齡社會的德國相比，從一九七二年到二〇〇八年成為超高齡社會，轉變時間長達三十六年。而台灣只有短短的八年，因此得有更實質的對策。在這其中，還有老年憂鬱症患者升高的重要課題。

世界衛生組織（WHO）指出，憂鬱症是歐洲已開發國家造成失能的主要因子，並預估二〇二〇年，憂鬱症會成為全球疾病負擔以及早逝或失能的第二位，僅次於心血管疾患，至二〇三〇年也將躍升為第一位。

憂鬱症盛行率在中老年時期達到高峰。在世界各地研究老年人口精神疾病裡，老年憂鬱症最高，其次才是失智症，而且老年憂鬱因症狀與老化、失智相近，常被忽視或誤解。許多研究報告亦指出，老年期的憂鬱症盛行率通常與鰥寡孤獨、低社經地位、身體疾病密切相關，常因社會偏見而被低估。可以想像，獨居老人的風險係數將更高，會是老年憂鬱症好發族群。而根據衛福部二〇一六年死因統計結果，六十五歲以上自殺者有七〇％是憂鬱症患者。

未來的台灣，需要更多人投身「愛」的行列，讓台灣成為不遺忘獨老與失落、孤單靈魂的社會。

雖然，因著平均壽命延長與少子化，獨居老人成為時代變遷的全球現象，但是，孤獨可以是一種情境狀態，卻不能成為社會病態。

台積電志工發揮工程師的聰明腦，研發餐車的加熱恆溫設備，讓冬天時送到獨居長者手中的便當也能是溫熱的。

政府的長照資源粥少僧多，已經持續七年努力破除「老人孤島」的先行者——愛互聯，可以是官方與民間共同合作的一道治本良方。因為，每個人都可以送出愛，在愛的世界裡，無分大小，只要你願意愛。

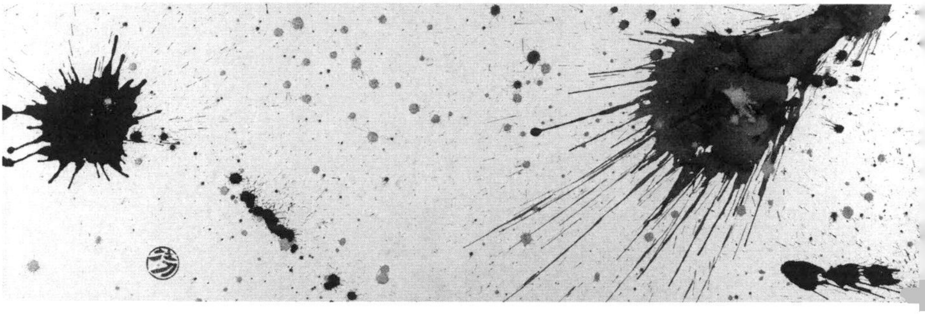

Chapter 6

愛互聯之善的循環——送出愛的收穫

助人的心念會為自己的生命帶進更多灌溉，以及迸發出內心的光亮，回饋到自身的工作、家庭與人際關係，產生更好的包容與智慧，這是送出愛的收穫。愛，將快樂帶給我們自己，也將快樂帶給所愛的人，這樣的善循環，確確實實展現於愛互聯成員的個人與組織上。

吳明哲是彰化欣向美牙醫診所院長，也是台積電慈善基金會愛互聯的一份子。他初次與張淑芬見面時，是在圓山飯店舉辦的多明尼加國宴，吳明哲是多明尼加義診團醫師之一，受邀出席宴會。平日喜愛藝術的他會到全世界看展，當然也知道張淑芬不但是張忠謀的夫人，還是位有名的畫家。

行善是最好的人生修練

他觀察張淑芬近兩年的畫作風格截然不同。對比過去的精雕細琢，現在作品蘊含脫胎換骨後的飽滿能量，因而有機會閒聊時，他請教張淑芬做了哪些修練？張淑芬妙答：「我的修練就是行善。」

知道吳明哲想要收藏自己的畫，張淑芬告訴眼前這位年輕有為的醫師：「想收藏我的畫，要先跟著我做公益。」

回去後，吳明哲花時間認識台積電慈善基金會，從難以置信到深感佩服，發現張淑芬都是自己走第一線，發自內心關懷弱勢，跟他想像中那種各大百貨VIP的「貴婦董娘」很不一樣。她帶領台積電慈善基金會做的公益也不是蜻蜓點水，而是實實在在扎根，真正做到最需要，「像一條串起每顆珍珠的線，而Sophie就是串起那條線的人。」

其實，吳明哲對於公益一點也不陌生，小時會跟著家中長輩做善事，當上醫師之後，經常出國義診，平日雖有行善之舉，卻未想加入任何組織。但愈深入了解，就愈認同台積電慈善基金會的做法，決定成為愛互聯的一員，認同「他們不是用公司的錢去灑，而是用公信力，讓大家可以一起做。」

受到張淑芬的啟發，吳明哲時常向醫師們宣揚「把愛送出去」的理念，也從自己的專業出發，帶著團隊舉辦牙醫義診與衛教活動，「要做慈善，義診是最好的接觸管道，從問診過程就可以很快了解病人與家庭狀況，判斷是否需要關懷資源。」

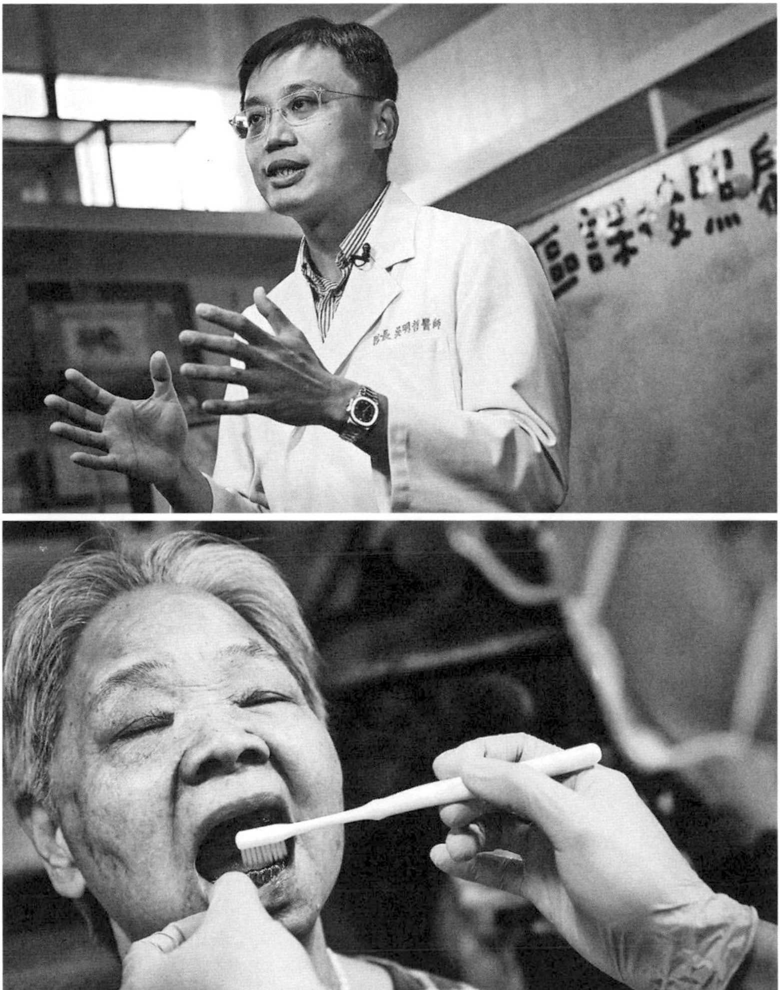

受到張淑芬的啟發，吳明哲醫師從自己的專業出發，經常帶著團隊舉辦牙醫義診與衛教活動。（照片來源：聯合新聞網）

不但身體力行走第一線，吳明哲更結合地方善心人士，號召大家一起出錢出力，把愛送給弱勢。遇到女性朋友，他會勸對方少買一個包包，可以幫助一個家庭，甚至改變一個小孩的一生。同時，鼓勵認識的學弟醫師們出去義診，幫弱勢老人免費裝假牙：「學長出材料，你出工，多救一個是一個。」許多弱勢老人就是因為沒錢裝假牙，導致營養不良，讓身體疾病雪上加霜。

收穫公益的正能量

後來，吳明哲醫師有沒有收藏到張淑芬的畫？

他不但收藏到張淑芬的畫作，更收穫了公益的正能量，自此愛上做公益。過去的他放較多心思於出國義診、看展與聽音樂會，現在則把時間回饋給家鄉這塊土地的人們，並留意參加與非營利組織相關的國際研討會，期許在醫療專業上晉級自身的組織管理能力，為地方公益做出更多貢獻。

可以這麼說，愛互聯也是一種存於每個人內心的自我覺醒意識。

影響稻盛和夫一生的英國哲學家詹姆斯・艾倫（James Allen）指出，當今年代有太多真理都強調一件事——思維是行動、生命表現的源頭。當源頭乾淨了，一切都會變的潔淨，一個人如果能夠對所有人保有善意，無私相待，並耐心找出別人的優點，就是走上通往天堂的道路。

換個角度想，進入超高齡社會並不可怕，如果能喚醒更多人心中的愛互聯意識，青銀世代共融絕不是口號。這何嘗不失為一種社區總體營造的原生力量？公益結合地方創生，做出可以複製的模式，在地解決社區獨老與弱勢的問題。

這也是張淑芬這位串線者持續做的事——找到一顆顆的珍珠，串成一條美麗的項鍊，並讓這條珍珠項鍊持續加長。

二〇一四年至今不間斷，她領著團隊走訪醫療、社福等單位，尋找有意願協助獨居老人的夥伴，打造獨居老人的守護網，還回過頭向政府「行銷」愛互聯，把決策單位納進來，希望這個社會能夠更好。

為偏鄉帶進翻轉資源

彰化縣秀水鄉馬興社區就是一例，台積電慈善基金會連結彰化縣政府、吳明哲醫師等民間志工的力量，正在翻轉這個小型務農社區的未來。

由於青壯年都在外地謀生，馬興社區幾乎只剩老人與小孩，老帶小的隔代教養，加上家庭經濟弱勢，社區裡的學童教育與人格教養潛藏隱憂。雖然，馬興社區發展協會有成立課後輔導班，可是缺乏專業師資與資源，成效不彰。

他們走進馬興社區為長輩義診，啟動課後輔導的志工機制。平日，台積電志工利用遠端科技，進行線上教學，假日則定期到社區陪伴學童，有些孩子的父母因工作不能常伴左右，需要大人的陪伴。張淑芬也親身參與過馬興社區的衛教義診與課後輔導活動，帶著志工陪阿公、阿媽玩桌遊，教學童複習功課。

已經走過許多偏鄉的張淑芬清晰看到，偏鄉不僅有急難救助問題，更令她憂心忡忡的還有教育資源不足，學習程度落差嚴重的情形，「有的學生升上國中，連ＡＢＣ都不會；有些小孩下課沒地方去，可能就走偏了。孩子的教育，我們一定要幫忙，因為不趕快把他們拉起來，上了國中就比較難了，未來的AI時代，這些孩子可能連翻身的機會都沒有了。」她心裡一直有個夢想，想讓那些原本趕不上社會的孩子，能夠有出頭的一天。

愛的群策群力

在愛互聯的成員裡，更有企業與組織效法台積電志工社，主動成立企業志工隊。比如，中國醫藥大學附設醫院在參與中部愛互聯兩年後，二〇一六年以台積電為師，主動在院內成立企業志工隊。

中部愛互聯關懷的多為偏鄉獨老，中國附醫足跡輻射台中市山屯區域，提供獨居老人整合式醫療照顧、設置日托中心，促進獨老社會參與的服務，每年訪視的累積里程數超過一萬公里，至二〇一九年，個案服務數更高達四百多個。

隨著照護獨老的個案與日俱增，為了能夠持續送暖給獨居與弱勢老人，中國附醫副院長楊麗慧在董事長蔡長海、院長周德陽的支持下，二〇一六年負責推動企業志工

隊的成立，「取之於社會、用之於社會是中國附醫的理念，我們把愛互聯當成一件認真的事在做，過程中發現若要持續，需要群策群力，更要有組織與紀律，也覺得若能把這樣的愛心活動散播到每個員工的心中，會是多麼美好啊！」

笑聲十分爽朗的楊麗慧是護理師背景，樂於助人，在中國附醫擁有好人緣，周德陽認為她是合適的推動人選。

楊麗慧記得很清楚，當企業志工隊招募訊息放上網後，一百位的名額很快額滿，有許多人反應也想參與，再開放一百位，同樣馬上額滿。她作夢都沒想到可以得到這麼踴躍的回應，深深被同事們感動，「我本以為醫療工作時間長，做志工又要願意付

張淑芬心裡有個夢想，想讓那些原本趕不上社會的弱勢孩子，能夠有出頭的一天。照片為張淑芬陪伴彰化馬興社區的孩童度過快樂的假日。

出額外的愛心與時間，一開始不會有這麼多人加入。」她發覺，那些參加志工服務的同仁最大改變是化被動為主動，開始關懷身邊的家人朋友，成為正向循環。

由於想鼓勵更多人嘗試志工服務，組織在制度上還新增了「需要有八小時公益服務」的人事升遷條件。「結果，不管有沒有想升遷，大家都有八小時以上，」周德陽笑咪咪指出，這項規定是想激發員工在百忙之中能撥出時間參與的動機，「若不先試試，怎麼知道自己有沒有興趣？能否從中體會到付出的意義？做志工其實會令人發現每個人都有善良的一面。」他發現，一開始是規定，久了變成內化的基因，八小時後持續志工服務的同仁都是因為內心被感動，自發性地做下去。

去年，中國附醫把汰舊換新的五十台小冰箱重新整理，捐贈給老五老基金會與華山基金會的獨居與低收入老人。小冰箱皆由醫院員工親手換上新零件，進行清潔與噴漆，變身功能正常的整新品，再由企業志工一台台運送到每位長輩家中。

這些長者有些因居住偏遠，無法經常採買，有些是行動不便難以外出，平日伙食與年菜又因為沒有冰箱，不易保存常導致腐壞。送冰箱去時，有志工發現長者家中環境不佳，還主動幫忙清掃，引得他們含淚感謝連連。

員工向心力變好、滿意度升高

幾年下來，組織氛圍因志工服務轉變，員工向心力愈來愈好，滿意度一年比一年高，過往員工滿意度調查裡，最低分的是醫師群，平均約五〇％，近年滿意度成長至超過七〇％。

中國附醫的企業志工隊甚至設有專用APP，分成環境保護、教育深耕、社會關懷三組，其中教育深耕志工出任務的區域非常特別，主要區域位於五權院區頂樓。

走上屋頂，便能看見一個約兩百坪的天台農場，這裡運用水資源再生系統，使用醫院餐廳的生廚餘進行自然有機堆肥，創造循環農耕，而且裡頭的新鮮蔬果全是志工們輪流排班，從播種、堆肥到灌溉、除蟲，細心養護而成。志工們從農夫「小白」到種出如數家珍的各式品種，如小番茄、茄子、九層塔、玉米……，甚至成功長出又香又甜的白草莓，粉紅色的外表散發著牛奶香氣，像是好心情的粉紅泡泡，驚喜了這群白衣農夫。

正能量的泡泡也吹向中國附醫經營管理的陽光精神科醫院，運用園藝治療，讓病人感受植物的生命能量，安定心靈。

這座屋頂農園也被台中市府的低碳辦公室選為「城食森林都市農夫學院」，向外擴散到社區服務，由中國附醫員工與志工舉辦都市農耕的教育課程，讓更多台中市民響應低碳飲食（自己吃的菜自己種），營造更多低碳、健康的社區。

藥劑部主任謝右文是教育深耕志工隊的核心成員，樂於把做志工的喜悅分享給同事，因為覺得醫院的藥劑師大部分時間都在透明玻璃後忙碌，戴著口罩，重複著配藥、對單、拿藥給病人，需要能讓心情充電的元素。中國附醫藥劑部其實不算小，有近一百九十位員工，「那是一股從兩、三個人到小群體，再到慢慢擴散開來的感染力，最後變成部門的興趣。我們都明顯感受到團隊的人臉上笑容多了，離職率下降了，醫護人員的工作本來就是幫助病人，多一點的溫暖與熱情，用更友善的態度，把關懷心意放進服務裡。」

發自內心的行動才強大

周德陽說，點名式的活動不會壯大，要發自內心才會長久。像謝右文一樣的企業志工，他們學到很多，當把愛互聯的心融入醫護工作場景，更能夠感受到人與人之間的感動是真心相待。

「我們沒有花錢買新冰箱，而是自己動手整修；我們在天台的菜園也都是志工親手栽種，收成再拿去義賣，所得捐做公益，這也是一種循環經濟，是很不一樣的精神，受助者也會知道志工的愛心裡有著對他們的關心，」周德陽從張淑芬身上學到，做志工是服務，不是施捨，志工與受助者之間是平等，「她不會認為別人捐錢或資源是理所當然，她反而希望不要造成捐贈者的負擔，有多少資源就做多少事。一直以來，她的身段都放的很低，帶著大家一起做愛互聯，很多人是被她的投入感動。」

現在，中國附醫也變成在地的串線者，號召更多人以實際行動響應愛互聯。像是二〇一九年農曆過年前，邀請上銀科技、阿瘦皮鞋、漢翔航空工業等十家企業加入「愛老志工」的行動。

有的企業致贈年菜給獨老長輩，有的認捐義賣所得、有的企業員工到日托中心服務長輩。中部愛互聯也舉辦年貨市集，捐贈獨居老人每人一千元紅包，由愛老志工帶著長輩們逛市集與買年貨，雖然沒有血緣，卻能像家人般的牽手陪伴。這種社會溫暖正是張淑芬對愛互聯的期許——打開更多人的心門，願意對他人做出貢獻。

一個人的心如果能更開放，就會有力量、有愛心、有智慧，明瞭主動為人們貢獻，也是一種創造幸福人生的途徑。

為他人貢獻能提高共同體感覺

「對他人有貢獻」是心理學家阿德勒重視的共同體感覺（social feeling）形成之道，他認為這是從煩惱中解脫，獲得幸福的唯一方法。缺乏共同體感覺的人凡事先想自己，無法真切感受到外界支援，覺得自己被社會孤立，無安身之處，所以容易藉由各種偏差行為，尋求補償與慰藉，因而，阿德勒的心理治療強調：「讓人們發展共同體感覺，便能掙脫一切困難。」

他在一九三三年發表「共同體感覺與活動力高低」研究，發現兩者皆是對社會有貢獻的人，共同體感覺高會伴隨活動力，且共同體感覺會帶來克服難關的勇氣。

人只有感覺自己對他人有貢獻，產生價值時，不管遇上多大挑戰，才能擁有面對的勇氣，不會選擇隱世逃避。阿德勒的理論其實也呼應了愛互聯成員的改變——透過對他人貢獻，創造信賴別人與信任自己的善循環，在共同體感覺中，擁有安定自身的歸屬感，這是他們送出愛的收穫。

人生會遇到形形色色的困難與考驗，不妨喚起自己心中的「愛互聯」意識，成為有愛心與智慧之人，當己如是，自然能夠主宰思維，運用內心的力量轉化自我，成為自己想要的模樣。

一切，取決於你。

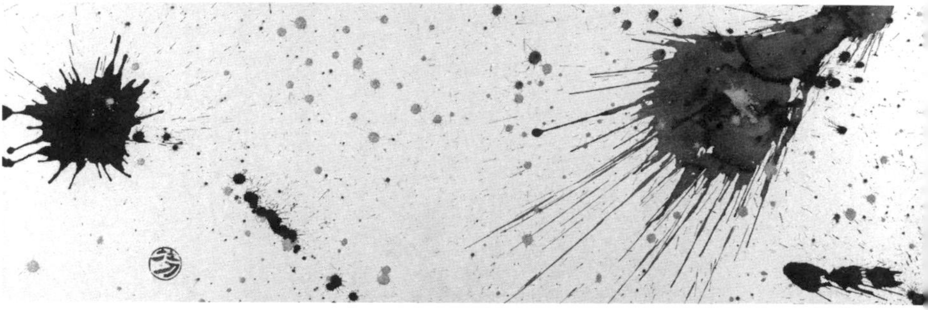

Chapter 7

愛語和諦聽——
用孝道打開世代隔閡的心門

有一堂課，考試不會考，要學好多年，最長需要一輩子。

這堂課的老師不在教室裡，而是在家裡。無論你們關係好壞濃淡，他們伴著你呱呱落地到長大成人，那是老天給每個人的生命導師——至親，也就是我們的父母與祖父母。

二〇一六年，有一群老師透過「島嶼的集體記憶」教學計畫，想要帶孩子從自身的家族記憶學會柔軟，找尋親密的感動。這個計畫由旅法導演陳慧齡發起，多位跨校老師積極推廣，引導孩子以長輩的口述歷史，創作家族故事。

故事能療癒人心，讓人相互理解。

有的孩子想起拉拔自己長大的奶奶，畫出記憶裡的模樣；有的孩子回家訪問爺爺，才知平日寡言的爺爺是豐功偉業的飛行員；有的發現原來阿媽年輕時的夢想很酷，只是因為家庭沒法子圓夢；有的孩子了解父親的辛勞工作後，期許自己變得更懂事；有的孩子則說，以後要更加努力接受家人、照顧家人、喜歡家人……，成果展覽時，當孩子表達與家人之間的故事，現場聆聽的師生、家長的心靈如同經歷了一次次情感的時光旅行。

他們訴說：「我想記得您，在失去以前。」

至親笑淚：「孩子，我永遠不會忘記你。」

旅程並沒有隨著計畫而終止，它被放進了一場更大的社會集體創作，一個跨界、跨世代，屬於這個時代的孝道復興運動。在愛互聯的「照護獨老」、導讀與社區志工的「關懷弱勢」、節能與生態及廠務志工的「保育環境」三大主軸之後，台積電慈善基金會再將關懷觸角延伸至「推廣孝道」，並整合中央、地方政府與企業界，共同傳播孝的種子。

這場孝道復興運動的號召者正是張淑芬。

只有家裡熱了，才有能力愛別人

自成立愛互聯平台後，有個問題一直在張淑芬的心裡盤旋不去，每次到第一線關懷獨居老人，握著他們的手時，她從每一雙眼神裡感受到對陪伴的深切渴望。她愈做愈不解，為什麼獨居老人愈來愈多？於是諦聽每一聲、每一響，包括內在和外在的聲音。「這群弱勢的人需要的不只是食物和醫療，心裡深處最渴望的是親人、朋友的關心，這是錢買不到的溫暖，但是這幾年，這種互相的愛好像減少了。」

一旦願意用心聆聽，一切事物就變的清晰。張淑芬往下探究，發現以前社會多是三代同堂，獨居老人少，現代的家庭型態轉變為小家庭居多，自然不像同住一個屋簷下那般相處緊密。加上華人文化不習慣說「愛」，心也隨著相隔的距離變遠了。

她覺得，絕大多數人心中都有對父母、祖父母的愛和感恩之心，只是日子過的匆忙，因為生活和工作的壓力，造成家人很少有時間陪伴彼此，忘記年邁至親也需要孩子給予愛。

思及至此，她想由源頭解決高齡社會的獨居老人現象，認為「連結年輕人對長輩的關心是必要的，只有家裡熱了，我們才有能力去愛別人，我相信孝道是改變社會的起點，也是提升社會向上的力量。」因而，從根本出發，重新把孝道精神置入社會群體，喚醒人類的天性。

孝道，聽來八股，卻是我們初來乍到這世界都需要的，愛，是每個人的天性。在人生旅途上，幸運的人能夠先從親子關係中學習到如何接受愛與給予愛。但有更多人是失去後，才開始懂得「您養我長大，我陪您老去」的孝道真義，惋惜沒能多看顧守在身後的養育者，或是懊惱與至親的僵化關係沒能及早和解。

只是，孝道要如何傳授，才不會變成惱人的說教？而且要讓孩子們能夠理解，使孝親情懷油然而生。

推動政府共同合作

為呼籲與促成孝道教育，二〇一五年，張淑芬致電給時任台南市市長的賴清德，說明台積電慈善基金會希望與台南市政府合作，推動「孝道復興運動」，把孝道這股暖流注入校園。賴清德一口答應，並委派時任市府祕書長陳美伶進行跨單位協調與整合，透過市府的教育體制，找了多位有共識的校長，很快就在都會區與偏鄉小學推展開來，台南市也成為第一個做出孝道教育成果的縣市。

「台南市推動孝道教育有成，是因為兩位領導者（張淑芬與賴清德）都很重視，」當時是賴清德市長辦公室主任的林君豪回憶，台南市政府與台積電慈善基金會在社會公益上的合作，從二〇一三年就建立起良好的產官共推管道，那時台積電出版了《台積電的綠色力量》，台南市政府向台積電取經書中的節能、節水智慧，並在市府、在地企業大力推動，成效卓越。

有了示範點後，張淑芬想將孝道復興運動擴展到全台。

二〇一六年底，她拜訪當時的行政院院長林全，熱烈說著自己投身公益後看見的現代社會獨老現象，希望能透過台南市的孝道教育實踐經驗，從地方走向全國。沒多久的隔年二月，台南市推動孝道教育成果分享會於台南安平區金城國中舉行，她也因此結識教育部國教署前署長邱乾國，開啟了在教育正式體制內將孝道推廣到全國的契機。

三個月後，台積電慈善基金會與國教署共同舉辦「孝道教育工作坊」，來了各縣市代表、推動孝道教育的學校代表，以及各專家學者，會中透過大家的交流分享，體認到孝道教育對於社會的深遠影響。

張淑芬更花時間了解當時課綱重點，當她發現沒有合用教材，於是提出與國教署合作，研發能夠融入教學現場的孝道教材。不僅如此，她還應時任教育部部長的潘文忠之邀，在全國教育局處長會議上，分享自己對復興孝道的起心動念，以及為何要倡議把孝道列入正式課綱，感動在場的教育者。

後來，孝道教育成為教育部重點推動政策。二〇一七年，國教署把與台積電慈善基金會合作的孝道教材計畫列入教綱，攜手整合教材與資源。十二月二十一日，教育部與台積電慈善基金會在霧峰的峰谷國小舉行首次孝道教育教材發表，以及課程教學演示觀摩，讓所有教材同時上線，供全國教師參考。那年的年底，首版孝道教材也送抵全台小學，結合正式課程及非正式活動，啟動孝道教育。

「她帶著一群科技界的志工，卻能夠關注最傳統的孝道價值，也因為她的積極態度，讓我們更有系統性地在原本的品格教育裡深化孝道精神，」教育部國教署副署長戴淑芬對於這位跟自己同名的董娘記憶深刻。

科技始終來自人性裡最真誠的天性，其實，喚醒孝道是想追回每顆純真的心，也是一種能夠世代傳承的共好美德。

可以燎原的星星之火

孝道教材只是起點，更重要的是要推動熱血的種子師資、企業志工齊心投入孝道教學，讓孝道復興運動能夠在各地百花齊放。

國立高雄師範大學附屬高級中學裡，有個全台唯一的全國孝道資源中心。點進網站赫然發現，工作小組委員名單上，首位就是台積電慈善基金會董事長張淑芬，可知她有多麼重視孝道教育的進度。

「Sophie 是放火的人，但星星之火可以燎原，我們都能感受到她想燃燒的決心，她真的非常認真，一直會問我們接下來要怎麼做？怎麼影響？」孝道資源中心主任，也是首版孝道教材研發參與者的高雄師範大學附屬高級中學校長李金鴦形容，張淑芬是知道怎麼抓住關鍵的領導者，她細細體察社會出現的許多問題，都可以溯源到家庭是否和諧、溫暖，「我們都認同當家庭關係改變了，社會就會不一樣，這也是推行孝道的用意。」

在此理念之下，李金鴦陸續召集一群國小、國中、高中的全國教師，以及有想法

張淑芬堅持喚醒孝道是想追回每顆純真的心，也是一種能夠世代傳承的共好美德。

的學者專家，如引進教育劇場（Theatre in Education）專家，討論教材如何轉化成生活的堆疊與日常的情感流動，細水長流地進入教學現場的師生之間。

「大家的共識是，教材雖然出來了，我們希望它們被使用的方式不一樣，用現代人、孩子可以接受的方式推動，不是上對下的說教式教學，要讓孩子主動去覺察，讓他們感受到至親或是其他長者的好，打從心底願意回應他人的付出，體會何謂孝道？」李金鴦說。

接著，台積電慈善基金會與國教署、孝道教育資源中心開展一系列的孝道種子教師研習，如甄選種子教師辦理教師培訓工作坊、教案教材分享相關多元增能、學群科中心及輔導培訓，以及培訓國中小閱讀推動教師、課輔班孝道師資等等。

只要願意開始，世代就可以慢慢產生質變。

所有的多元教學主題都是想要孩子學習如何跟長輩互動，因為互動才能夠增加了解，讓學生感受到自己的家庭角色與責任。有些老師以「家傳菜」為教學主題，因應現代家庭大部分為外食族，家的味道記憶漸漸淡薄，讓學生回家去找出家族的家傳菜故事。也有老師從子職教育的角度切入家庭關係裡為人子女的責任，應用在孝道也是一種愛的表現，而每個孩子在成長過程在意的是被公平對待，透過課程活動，協助孩子理解父母的苦心。

每個家庭的溝通方式不一樣。有些老師會讓孩子寫出感謝父母的一百件事，大部分的學生寫到一半時，速度就會慢下來，得努力回想、探索父母的生活及過往經歷，這即是讓學生更加了解自己的父母。有些老師則鼓勵孩子說愛，運用課堂學習，製造機會，讓孩子把愛勇敢說出口。

這是一個真實案例。有位學生跟母親關係長期緊張，常起口角衝突，課堂上，他堅持不想打電話給媽媽，後來老師靈機一動：「不然，換打給爸爸，可以嗎？」他才說好，撥電話給工作中的爸爸：

「喂！爸爸，我有一句話想跟你說。」

「有、有、有，我在聽。」

「我愛你！」

電話沒有傳來回應，沉默好一陣子，老師請學生再問父親：

「爸爸，你怎麼了嗎？」

「我很羨慕你有這個機會說我愛你！我的爸爸不在了，我已經沒有機會對他說。孩子，謝謝你打來跟我說，我也愛你！」爸爸說出了他的心聲。

二〇一九年，孝道教育資源中心網站也正式上線，提供豐富多元教案、徵文故事、繪畫等教學素材，讓教師與大眾可以免費下載，應用於孝道教育上。從二〇一五年一路走來，張淑芬帶著基金會團隊，不斷奔走縣市政府與中央，為的就是想把孝道由名詞變成動詞，創造世代真心互動的美善社會。

感動自己，才能感動孩子

高雄市政府教育局國民教育輔導團的課程督學廖俞雲，是推動孝道教育成員之一。在高雄教育界，論起翻轉教育，她是核心人物，也是大家眼中活力滿滿的點子王，常可在高雄各校的輔導團、共備課程團體等場域見著她穿梭的身影。有著一頭俐落短髮的她，身上的小麥膚色是南部豔陽的印證，打扮中性卻情感豐沛，在參與「島嶼的集體記憶」計畫時，曾屢屢落淚。

廖俞雲過去是國高中老師，她永遠記得，教學生涯遇上的那些邊緣家庭學生，從過往的輔導經驗，她領悟到不是每個家庭的記憶都想被看見，想要與孩子對話，就得花時間打開他們的心。因而，她認為孝道教育也要先讓大人們感動（師資與志工），才能真正感動孩子。不過，廖俞雲作夢也沒想到，自己會成為培訓台積電孝道志工的老師。

為了推廣孝道，台積電志工準備走進校園，展開一系列的孝道故事講授，帶領學生書寫感恩小卡的行動，讓孩子更懂得珍惜與家中長輩的相處。台積電慈善基金會也與孝道資源中心合作，舉辦企業孝道志工培訓營。

廖俞雲為這群紅衣志工進行孝道教學研習，課程重點在於用一連串小活動打開他們的心。她把自己對教學的熱情以及從「島嶼的集體記憶」獲得的感動，傳遞給台積電志工。她觀察到，這群理性的科技人，心變得柔軟，講授孝道故事的過程也改變了他們，激發出感性的一面。

在廖俞雲的眼中，張淑芬是一位很有力量的女性，懂得如何穿透人心，也願意把心力投注在公益上，帶領台積電志工走進社會角落，「社會需要有像她這樣能夠正面

為了推廣孝道，台積電志工走進校園，展開一系列的孝道故事講授，帶領學生書寫感恩小卡的行動，讓孩子更懂得珍惜與家中長輩的相處。

台積電慈善基金會與孝道資源中心合作，舉辦企業孝道志工培訓營以及孝道親子工作坊，讓社會因此變得更溫暖。

影響的人，才能變得更好。」

企業實踐孝道，從台積電做起

事實上，張淑芬推廣的力道對外也對內，讓暖家傳孝的實踐從台積電做起。

台積電志工社在各廠區舉辦活動，像是邀請員工的孩子來認識父母的工作環境；或是邀請同仁的父母到廠區參觀、安排員工透過老五老基金會的年老體驗工具，體驗年老行動不便的感覺。各廠區更自主性推廣孝道，如台積電中科十五B廠與中部愛互聯合作，結合中國附醫企業志工，培訓種子志工，進行導讀訓練，陸續將孝道種子撒向中部地區的國小。

而教材、種子師資與志工不斷發揮漣漪效應。台積電慈善基金會更持續以具體行動支持孝道，如協辦全國的孝道教育工作坊、孝道教育優良作品、孝道論壇、暖家傳孝的徵文比賽等。

除了志工版的孝道工作坊，也舉辦企業親子孝道工作坊。台積電慈善基金會副執行長彭冠宇是此課程的設計者，本身也在大學開授職場溝通課程，亦為人父的他，對於親子溝通特別有感受，主張用帶動的引導方式，鼓勵現場參與的親子說出心裡話，並為對方作畫，「因為作畫時，父母與孩子必須要注視著彼此，這是難得屬於兩人的親密時刻。」

在一次工作坊中，彭冠宇請孩子寫出最想和父母一起做的事，有位孩子的答案令他印象深刻：「那位小朋友說，可不可以用一個月的零用錢，請爸爸多陪自己一個週末？」孩子的心願令全場動容，此時，他引導那位孩子理解到父親加班是為了家庭打拚，但愛他的心是不變的。「其實，我們想做的是啟動正向的對話循環，讓孩子理解父母的處境，也讓父母聽到孩子的心聲。」彭冠宇說。

孝道是愛語和諦聽

由張淑芬發起的孝道復興運動持續燃燒著，她認為只有從生活觀察及理解，才會進一步去愛別人，「因此，我們會持續支持從教育種下孝的種子，從學校自幼扎根。」

台灣在一〇八學年度（二〇一九年）實施十二年國教課綱，孝道教育也融入了核心素養。

從縣市政府到中央，由企業現場到教育場域，孝道最令人動容的還是社會真實體現，許多感悟、體會與諒解都是孝道教育後的豐收。

有的學生透過素描、新詩等藝術創作觀察自己的手與父母的手，心疼父母那雙辛勞的手，體會他們對家的付出；有的學生理解了母親，由於家有罕病手足，自己感受不到母親的呵護，因為孝道作業，從原先的不解質疑，昇華為坦然分擔；有的學生發現阿媽不知道自己喜歡吃什麼，因為她總是準備家人愛吃的菜，以致於沒想過自己的喜好；當父母或爺奶變成畫裡的模特兒後，學生才發現平日有求必應的「工具人」是那麼耀眼的存在。

二〇一九年，國教署舉辦首屆全國高中職孝道教育微電影競賽，時任教育部政務次長的范巽綠，特別感謝張淑芬早幾年前開始積極推廣孝道，並和教育部合作，共同將孝道精神融入校園生活。

學生們的孝道微電影自生活取材，透過對話理解長輩，形成創作觀點，無關技術成熟，他們對孝道的感受細膩，捕捉方式也具創意，在在顯示了只要給孩子學習的機會，他們就會懂得聆聽、陪伴家人的重要性。

用說的、用寫的、用畫的、用拍的……，參與其中的人們對孝道有更深的覺察、省思、連結與互動，以及更深度的同理。

學生們一件件的作品是愛語，也是諦聽，道出了親情的無私，以及為家人著想的真心實意，也打開世代隔閡的心門。

張淑芬說，現在自己的大願是讓大家關心身邊的人，而孝道只是第一步，接下來要創造更多的連結，「我發現，大家合起來的力量是那麼大，每多一層連結，就愈能幫助到更多需要幫助的人。」

不只一次，在海外的演講場合上，聽完她分享台積電慈善基金會的公益之路，台下聽眾紛紛反饋，回去後也要開始推廣孝道，為自己所在的城市、社會找回日漸淡化的親情倫理。有位組織領導者甚至跟她說：「台灣真了不起，這麼早就開始推動孝道，我們現在才如夢初醒，發現孝道的重要。」

孝道是什麼？

孝道是個人與家庭的連結，當與家庭的連結愈好，跟生長的這塊土地連結就會愈深，也就會成為一個有根之人。根，即是一個人的歸屬感，讓人不容易失去方向。

正如這篇獲獎的作品所呈現的：

阿公的年紀大了，走起路來都是步履維艱，但是他還是喜歡和我們一起出去逛街，所以外出的時候，我都會攙扶著他，幫他按電梯，開車門。阿公的手摸起來依然粗壯有力，而我也會漸漸長大變得更加強壯，今後即使推著輪椅我也要陪伴在阿公身邊，就像他的一個「小柺杖」一樣，走遍台灣的山山水水。

願世代能夠相互陪伴，珍惜彼此的存在。

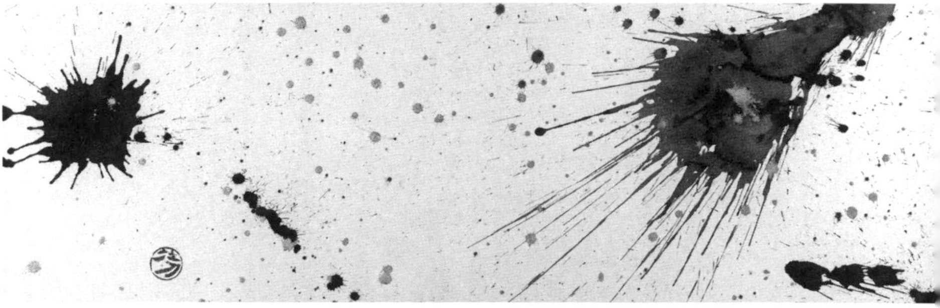

Chapter 8

惜食——用珍惜的心意去行善

或許，你曾聽過這麼一個悲傷的故事。

一九九九年十一月深夜，一位問題少年闖入嘉義水上教會，用刀刺殺了牧師闕明毅以及他的兩位女兒，人在外頭的闕戴淑媺（闕師母）趕回家時，闕明毅因被刺破肝臟，失血過多身亡，兩個重傷的女兒被送進加護病房急救。兇手把自己反鎖在浴室，直到警察破門而入才束手就擒。

在消沉、憤恨與自我折磨大半年之後，闕戴淑媺讓悲傷化成光，選擇勇敢的寬恕，以「闕師母」的身份繼續牧養教會及接續闕明毅的服事，同時跟著更生團契到監獄當教誨師，而她的第一個關懷輔導對象竟選了那名殺夫少年，她了解這名問題少年因跟父親要錢不成，為了發洩怨氣，發狠拿刀隨機刺殺無辜，「如果能夠為缺乏家庭資源的孩子提供教育協助，是不是以後就不會再發生這樣的憾事？」

後來，這個悲傷的故事變成一群孩子的人生。

紅衣天使的魔法

失去與哀痛雖然可怕，但慈愛與同理心更強大。

隨後兩年，闕戴淑嬿成立了嘉義水上課輔班，為偏鄉弱勢孩子，提供改變命運的機會，他們當中有來自單親家庭，有新住民之子，有問題家庭的孩子，十多年下來，儘管時常捉襟見肘，課輔班卻從不間斷，幾千位孩子受益於這間鐵皮屋裡的教育和愛。二〇一六年，快樂學習協會理事長，也是知名導演的吳念真獲知闕戴淑嬿的無私光亮，開始贊助課輔班經費。

雖然每個月不用再被經費追著跑，但那間承載闕戴淑嬿心願的三十坪鐵皮屋已老舊到不堪使用。不僅屋內漏水又昏暗、課桌椅也捨不得換新，闕戴淑嬿也想給孩子們蓋間新教室，但一想到這不是幾萬元就能做到的，對她來說蓋新教室根本是天方夜譚，只能將就湊合著用。

現實裡沒有阿拉丁神燈，但上天卻為她帶來了一群「紅衣天使」。

二〇一七年，台積電志工來到水上課輔班，得知教會經濟拮据，決定要為她圓滿心願，興建新教室。但經費從何而來？台積電員工立刻在內部「台積 i 公益平台」募款，三天內的捐款即高達五百九十五萬元。

接著，由台積電團隊設計監造，比照專業廠房，採用鋼骨結構，三個月後，一棟兩層樓、一百多坪的教室完工落成，更貼心的是，紅衣天使也整修了那間有著上千個弱勢孩子人生回憶的鐵皮屋。

如果沒有這間小屋，那些孩子可能就失去改變的機會。它的存在亦見證了人性的聖潔光輝，這個世間有千千萬萬個「闕戴淑媺」。

新教室啟用典禮的那天，吳念真與張淑芬都到了。

張淑芬擁抱著闕戴淑媺說道：「師母放心！你走的路我們看到了，你是偉大的天使，過去走在寂寞的路上，但上帝的光持續照亮著你，未來在這條路上會有更多人陪伴。」

陪伴的承諾始終延續，也因此在過程中，台積電志工發現偏鄉教育所需要的，除了教室與課程，還有孩子的營養需求。

許多孩子只有在學校與課輔班時，才能正常用餐，因而，餐食需求對課輔班來

台積電以其專業，為嘉義水上課輔班興建新教室，新教室啟用典禮的那天，吳念真與張淑芬都到場慶賀。

說，也是一筆為數不小的開銷。因而，張淑芬想推動「惜食」計畫。

把食物送給需要的人

認識張淑芬的人都知道，她是珍惜食物之人。在餐廳用餐，吃不完的料理，她會打包帶走，送給街頭遊民，這是她早年就養成的惜食思維。

即使與張忠謀外出，她一樣做自己，只要有打包，出餐廳第一件事就是尋找遊民。早些年，張忠謀會刻意走在她身後，離妻子遠遠的，日子久了，張忠謀也習以為常，有次兩人在國外，吃完晚餐時間已晚，張淑芬照樣拿著打包食物要送給遊民，等她回來，張忠謀忍不住問：「有找很久嗎？」聽到太太說一轉彎就看到需要食物的人，他點點頭。漸漸地，張忠謀也被張淑芬感染，愛打橋牌的他，退休後時間變多，與三五好友常約在美僑俱樂部打橋牌，有時會把沒吃的點心打包回家，響應愛妻的惜食行動。

常跟張淑芬開會與趴趴走的基金會同仁和台積電志工都知道，每次用餐，張淑芬都會號召大家把盤中食物吃光，而她用餐前也習慣看一下自己能吃的份量，若多了，就先舀起來分給食量較大的年輕同事。

投身公益後，因時常行走偏鄉，走在第一現場，張淑芬看見了偏鄉教育除了人力、物資的不足，還有餐食的缺口，了解弱勢孩童的處境，一有機會，她就呼籲政府正視他們的溫飽問題，公開直言：「我走過的地方，你們去過了嗎？我親眼所見，有些孩子真的沒有營養午餐可吃。」

她心疼弱勢孩子在發育成長時期，無法像一般家庭那樣有無微不至的呵護照顧，單純想著：「那麼多超市、餐廳常有過剩食物或即期品，能不能提供給這些需要食物的人？」

只是，當她提出想送食物給偏鄉，甚至找到全聯董事長林敏雄，爽快答應捐贈即期生鮮品給台積電慈善基金會，卻遭張忠謀反對。原因是過程中有太多食安風險，而且餐飲供應鏈並非台積電的專業領域。也有一位企業家朋友提醒張淑芬，只要一餐吃出問題，之前做的再完美，全都會付諸流水。

張淑芬後來了解，餐食的製做過程、保存時間和溫度，任一環節都可能造成食安問題，知道此路不通而作罷。她也省思：「我的背後是台積電這塊招牌，不能做出可能損及台積電信譽的決策。」

事後，張忠謀還幽張淑芬一默：「我說的你不相信，等到別人也這麼說你才信。」張淑芬是個學習心強，也願意學習的人，有時張忠謀不經意的提點，能打破盲點，所以，張淑芬時常公開的說，自己能夠持續做公益要感謝張忠謀，「他是世上最好的老公。」

與奇美合作，開啟惜食計畫

張淑芬並沒有打消惜食計畫的念頭，她還是積極尋找可能性的落實方案。奇美食品董事長宋光夫的出現，讓張淑芬把食物送給需要之人的心願有了生機。

二〇一八年六月，美國在台協會台北辦事處內湖新館啟用，宋光夫是受邀貴賓之一。當天他要進電梯時，看見張忠謀與張淑芬也在裡頭。宋光夫曾是奇菱光電與奇菱科技董事長，當年跟台積電團隊有過交流，也跟張忠謀吃過飯，同桌還有遠東集團暨遠傳電信董事長徐旭東。

宋光夫跟張忠謀夫婦打招呼，因耳聞張淑芬在做公益，主動跟她提及：「若有任何需要我協助的地方，請您不要客氣。」張淑芬驚喜的道謝。那年八月，張淑芬真的到台南找宋光夫，了解奇美食品。

其實，宋光夫來頭不小。他是奇美實業大股東，也是奇美集團創辦人許文龍的外甥，三十年前，許文龍將宋光夫召回台灣，要他把老員工照顧到退休後，結束虧損的奇美食品與營運不佳的奇菱樹脂。然而，在宋光夫力圖轉型之下，兩家公司起死回生，奇菱樹脂更名為奇菱科技，奇美食品不但坐穩市場寶座，還發展為全球品牌，包子、熟水餃等冷凍食品外銷超過二十個國家，近幾年還開設觀光工廠與餐廳，跨足觀光餐飲業。

宋光夫為人低調，所以外界鮮少知道，他是虔誠的天主教徒，人如其名，用自己的光盡可能幫助他人，溫和又樂善好施，辦公室牆面與櫃內滿滿都是捐助單位的匾額與感謝狀，「我不願說那是做善事，關懷與幫助那些需要的人本來就是身為人的責任。」因而，他主動向張淑芬提及想為公益盡一份心力，「我很榮幸能參與，這也讓我有機會實現對環境的責任，我非常佩服Sophie，這個社會需要更多像她這樣的人出來。」

總歸是食品業的行家，聽完張淑芬的食安疑慮，宋光夫向她解釋「冷凍鏈」解決方案。他在大尺寸觸控螢幕上畫出奇美食品從工廠到便利商店冷凍鏈的流程圖。冷凍食品在工廠製做完成，會以零下三十六度急速冷凍，再放進零下十八度到負二十度的冷凍庫儲存，出貨時，全程以零下十八度監控冷凍車，直送**7-Eleven**、全家便利商店，店面再放進蒸箱蒸熟，消費者就能直接享用熱呼呼的美味大包。換言之，可以把需要食物的偏鄉教室視做便利商店的角色，當據點師生需要食用時，再從冷凍冰箱取出加熱即可。

「格外品」化身偏鄉良品

宋光夫還提出「格外品」概念，令張淑芬眼睛為之一亮，完全符合她推行的惜食精神。

格外品，就是在製做過程中因未達奇美要求的外觀水準，不能販賣，但品質達標、且營養味道與正品別無二致。過去，格外品因賣相不佳被浪費丟掉。

宋光夫表示奇美可以無償提供格外品，同時以冷凍鏈運送到弱勢據點。於是，一個全新的惜食共作模式成形，由奇美提供冷凍食品，台積電慈善基金會捐贈冷凍櫃給需求單位，以便儲放食物。

「包子與饅頭都好好吃喔！」水上課輔班的孩子們開心咬著口中熱呼呼的饅頭，課輔結束後，志工與老師們還會讓孩子外帶食物回去，確保日常營養。

建立這個模式後，桂冠、新東陽、宏亞、聯華食品也紛紛加入惜食行列，每隔一段時間，就有各式各樣的冷凍食品，送到基金會建立的食物據點。

「記得開立捐贈收據給人家，」只要聽到某某企業捐贈，張淑芬都不忘提醒台積電慈善基金會同仁，認為做公益就是要共好，像是企業捐贈能抵稅，就算對方不主動要，她也會細心叮囑同仁要確實做到，「基金會能幫他們想的、做的，我們就要去做，才能讓公益持續走下去，這本來就是我們的責任。」

張淑芬想做的是，啟動大家助人的天性，激發每個人內心的善良，以及所擁有的愛，「這些火苗是很珍貴的，他們會再去點燃其他人，我希望有愈來愈多的人被觸動，可以有更多人投身公益。」

新東陽總經理麥升陽正是受到張淑芬的感召，加入「把愛送出去」的惜食計畫。新東陽原本就有加入新北市惜食食材捐助行列，將肉品工廠的餘裕食材捐給社會局，再由社會局分配給共餐據點。麥升陽認識張淑芬後，發現台積電慈善基金會也在推動惜食，提出想加入「把愛送出去」的平台。

不但身體力行參與，他還主動號召二代接班的朋友們加入行善，更邀請張淑芬為幾十位的二代企業家演講，種下真善美的種子。他戲稱，要讓這群背景相近的朋友變成一起「把愛送出去」的公益夥伴。

麥升陽口中背景相近的朋友們，與他一樣，大約在一九九〇年代回到台灣，進入家族企業工作，現在都已是成功接班的企業經營者。他們定期有個週五午餐會，已過世的嚴凱泰、辜仲諒都是當時這群年輕人的老大哥，大家一起聚會交流，隨著年齡增長，從二十多歲的吃喝玩樂、三十、四十歲的經營交流，到年近五十成熟擔當，閱歷都不相同了，「我們必須要思考能對社會貢獻什麼？這是我們這代的責任。」

水上課輔班的孩子最期待的是到班時都有奇美提供的免費饅頭與包子可吃。

齊心各方，大廚到偏鄉做惜食料理

而後，麥升陽也把新東陽的義廚行動連結到公益平台的惜食活動。

正值熱暑，新北市雙溪長源社區威惠廟旁的長源市民活動中心，上午九點不到，探頭一望，平日是阿公、阿媽的銀髮俱樂部，今日卻齊聚了戴白色廚師帽的四十位飯店與餐廳主廚，井然有序進行備料的前置作業。如果不說，還真會以為是某個「大廚到你家」的實境節目。

這場活動由新北市與台積電慈善基金會、麥氏新東陽基金會攜手合作，深入偏鄉推廣惜食，運用新東陽的惜食材料，讓社區的長輩與師生品嘗到府服務的五星級惜食料理。新北市雙溪是人口外移最嚴重的區域，這些主廚要為社區的長輩與孩童製做出十四道料理，有麥記脆皮烤鴨、美味現煎牛排、桂花爆炒軟殼蟹、蒜泥蒸大草蝦、蠔油鮮燴百菇等令人食指大動的佳餚。

主廚全是愛心餐飲協會成員，用料理專長做公益，找資源、找人力、找贊助，義務做料理給老人與小孩、弱勢族群，讓他們在自己的地方就能夠享用豐盛美食。麥升陽則是有次跟員工去日本出差，閒聊間，得知他經常參與這個有意義的「義煮」行動，當場豪氣地跟那位員工說：「你們幫老人家義務做飯，食材就由我來供應。」

另一方面，這次活動也響應了新北市市長侯友宜大力推動的惜食分享。

侯友宜與張淑芬兩人因「惜食」理念而相識。侯友宜希望新北市能夠結合張淑芬與台積電慈善基金會的影響力，關心更多新北市的弱勢族群，初見面時還發生有趣的插曲。

那天，侯友宜準備文山包種茶相贈，張淑芬則回禮自己畫作的對杯。侯友宜因不知道張淑芬是蘇富比拍賣知名畫家，驚訝連問真的是她畫的啊？更好奇地問張淑芬：「慈善家與畫家哪個身份比較出名？還是兩個都有名？」張淑芬作勢無奈，對著市府幕僚開玩笑說，應該要多增進侯市長的文化知識。

事實上，張淑芬的畫作不但屢次進蘇富比拍賣，二〇一九年，她更獲得港澳台灣慈善基金會愛心獎[1]。獲獎原因是——長期致力推動慈善工作，為各界有需要人士及社群提供協助，並關注社會基層事務，熱心參與教育、環境、藝術及文化等議題。可以說，除了是張忠謀的太太，慈善家與畫家都是張淑芬的生命角色。

「很多企業做公益，第一個會想到在公司所在地，比較能回饋到自己身上，但Sophie不是。當我看到她是自己到第一線，像活菩薩的無私、無我奉獻，你會被她感動，因信任而跟隨她的公益腳步。除了捐資源之外，我自覺也應該要多點行動，號召更多的人，就像『讓愛傳出去』電影一樣，每個人無條件幫助三個人，他們各再幫助三個人，改變世界，」麥升陽也在連鎖加盟協會推廣公益行動。

像麥升陽這樣讓感動變行動的火苗，正是張淑芬樂見與期盼的，「未來，也期待更多企業夥伴一起加入惜食的行列，為孩子提供更多種類、更充足的營養。」念茲在茲，她更親身宣導，若發現身旁有需要幫助的家庭或小孩，趕快撥打免付費的「1957」專線，尋求協助。

看見愛心供應鏈的供需方

台積電的工程師曾創造出一個美好的名詞，叫「愛心供應鏈」。他們發現，台灣常有農產過剩的問題，低價到農夫無法負擔運送成本，社會上同時也有許多行動不便的獨居老人，需要煩惱下一餐的著落，如果能夠串聯這兩群人，就像是一條愛心供應鏈。

比如，最近香蕉盛產，蕉農苦不堪言，台積電志工便到產地，找到需要幫助的小農，購買香蕉，一部分供給員工餐廳，另一部分送給需要幫助的獨居老人。而送香蕉也有祕訣，每次拿給獨居老人只能兩串香蕉，一串是可以當週吃的香蕉，另一串則要是未熟成的青蕉，長者可以放到下週再吃，這樣才符合惜食的理念。

一直以來，張淑芬在做的就是建立一條又一條的愛心供應鏈。從照護獨老的「愛互聯」到關懷弱勢的「把愛送出去」，她帶領台積電慈善基金會團隊，走出公益平台模式——看見需要愛心的人，找到有愛的人，然後把愛傳出去。

至二〇一九年，隨著張淑芬的演講足跡，台積電慈善基金會已獲得六家食品廠響應，並已在全台建立二十九個惜食據點。而「把愛送出去」公益平台已成為愛心供應鏈供需雙方的橋梁，這樣的模式可以複製於其他類型的公益事務上。

在詩人許悔之眼中，張淑芬是一位「法華經者」，如《法華經》上所言，「菩薩是如來使，如來所遣，行如來事。」

新北市與台積電慈善基金會、麥氏新東陽基金會攜手合作，深入偏鄉推廣惜食，用新東陽的惜食材料，讓社區的長輩品嘗到府服務的五星級惜食料理。

「對我而言，她除了財布施、無畏布施，還有願心成就，用畫作和理念，生成護持佛法、愛護眾生的錢財、法財，是一種空中生妙有的法華經行者、法華經者，」許悔之曾與張淑芬一起上一位仁波切的心經課，也因同為藝術家，相知相惜。他覺得，這個人間總有一些人是來鼓舞大家，就像張淑芬，因願心而有大力，制心一處，無事不辦，「她以清淨的心行布施，包括志業與藝業。」

惜食，就是一種愛護眾生錢財與法財的方便法門，只要用一份珍惜的心意去行善，任何人的願心成就不遠矣。

注1 港澳台灣慈善基金會於二〇〇四年成立，凝聚港澳台商、台胞，關懷社會、濟弱扶困，二〇〇六年創辦「愛心獎」，表揚善心楷模，提升社會正能量。獎金為十四萬美元，為目前華人世界最高獎額的愛心慈善獎。得知張淑芬獲獎的第一時間，張忠謀即提醒愛妻記得把獎金捐出去，並陪著她出席十二月在香港舉辦的頒獎典禮。

張淑芬畫作

三

終於明白人世間最美好之事，
是積愛成福。
施予雖讓人寬厚慷慨，
亦請謙然的，讓愛如光。

讓愛如光——成就更多點燈人

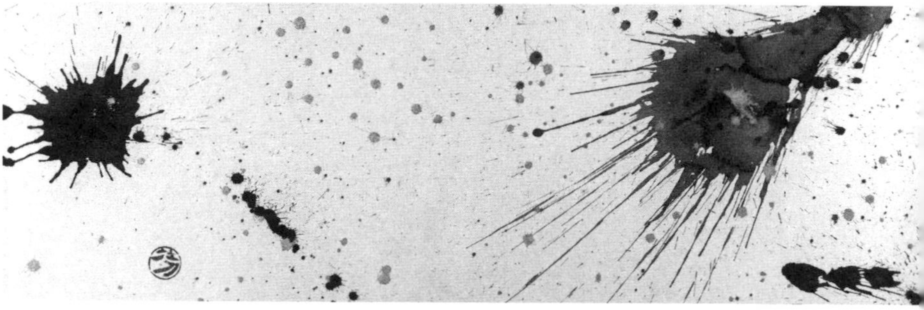

Chapter 9

張淑芬的公益領悟——我即是那片生命穹蒼

二〇一九年，由台北飛往合肥，空服員轉交一張同班乘客寫的小紙條給張淑芬：

「張夫人您好，不好意思打擾您，所以寫張字條要跟您說，非常謝謝您對高雄的大力協助，家父跟家母要我跟您說，謝謝您，非常感謝您！有您真好！」

張淑芬從未去過安徽省合肥，這次應演講之邀而有此行，機上收到的這張小紙條令她眼眶微潤。五年了，她從來沒有回去過高雄氣爆現場。高雄氣爆後的五週年，高雄市府舉辦紀念晚會，張淑芬認為這是眾人功勞，婉拒了出席。

二〇一四年的高雄氣爆救災後，當地居民掛紅布條感謝台積電，引起社會大眾的矚目，但她把光環留給別人，不接受媒體採訪，因為自覺很多事做完就應該放下，專注一往無前，直至二〇一七年，因為想要推廣孝道，才又開始在鏡頭前受訪。

這一年對張淑芬亦別具意義，她的畫作在二〇一七年底，首度登上羅芙奧秋季拍賣會，正式林列國際藝術家的舞台，隔年起，多幅作品陸續登上蘇富比現代藝術拍賣會，無論油畫或水墨，極具個人風格的畫作在國際藝術拍賣市場屢創新高。

沈潛後，駕馭抽象的宇宙心象

但在這之前，曾有三年時間，她擱下畫筆。原因是，她發現自己不喜歡受限，臨摹雖是學畫的必經過程，但幾年下來，照著描摹與她的個性不合，到最後，根本不想畫了。她坦然面對自己的撞牆期，索性按下暫停。

好一陣子後，張忠謀問張淑芬怎麼不作畫了？她推說沒有畫室，一語帶過。但張忠謀認為，人的一生難得能找到一個兼具興趣與天分的嗜好，鼓勵她繼續作畫，更在離家不遠處購置兩間房，將之打通，變成張淑芬現今的畫室。

有了畫室，張淑芬也沒有搪塞的理由，不過，她並沒有對畫室進行多餘的裝修，而是把空間留給畫作。黑色天花板與整室延伸的白牆，很容易由淺木紋地板區分出哪裡是作畫的領域，那一大區塊的地面油彩點點，見證藝術成形的過程，當陽光從大面窗灑進，也成了一幅渾然天成的地板油畫。

只要一進畫室，她都是待上好幾個鐘頭，也是在這間畫室裡，沈潛的張淑芬破繭而出，像極光一樣迸發，開創出屬於她的風格語彙。

二〇一六年底，她無心在一幅未完成的畫作上潑灑新顏料，放置後，竟讓她找到創作的方向。不同時期的新舊顏料因收縮張力不同，上層油彩無法完全覆蓋底層原色，有些油彩迸裂出裂痕，有些堆積成如山脈的筋絡，她大為驚豔，反覆實驗出多種可掌握的紋理質地，像是花葉般的連續飄落感、岩層節理、大理石紋理等，被外界稱作「張式技法」。

這些運用油彩之間堆疊與衝撞而出的豐富多變紋理，加上張淑芬用色大膽隨心，讓她的抽象畫境界達到一種絢爛浩瀚、又感知動人的虛實平衡。

張忠謀讓台積電成為世界級企業，也以柔情支持太太，讓台灣多了一位國際藝術家，張淑芬的畫作從二〇一七年開始登上蘇富比，二〇一九年，張淑芬的畫作在香港蘇富比現代藝術拍賣會上，以超出估價的三、四倍成交。收藏家與藝評家這麼評論張淑芬的畫——畫者有開闊的宇宙心象氣勢，揉合抽象語彙以及個人內心的觀照與體悟，使觀者能自塵世喧囂抽離，進入吾心即宇宙的畫裡。

雖然有畫室，家也在附近，但不是每天都作畫。她從二〇〇九年接下台積電志工社社長後，人生的主旋律轉為公益，至今從未間斷，公益之餘才到畫室作畫。在張忠

謀退休後，公益仍是她的生活重心，有次她陪張忠謀去上海，為了台南市府舉辦的親子工作坊，先獨自返台，因為想赴現場為推廣孝道表達謝意。

只要一進畫室，張淑芬都是待上好幾個鐘頭，創作
時的她專注而直覺，往往讓好幾幅畫接續進行。

兩個世界的引路者

作畫前，張淑芬會先在家裡打坐、祈福，再到畫室，因而每一幅畫都藏有她滿滿的愛與祝福。

油畫刮刀聲與隨意擺放地上手提音響的低聲佛樂交織，在空氣裡形成緩緩流洩的共振，張淑芬創作時專注而直覺，好幾幅畫接續進行，有大有小，有油畫，有水墨，在等油彩乾透的時間，她就轉拿另一幅進行下一步的創作，或畫或點，或拍或刮，在隨機迸裂紋路的層疊底色再上新色。

現在的她已曉得一層又一層線條與色塊最終會堆疊出什麼，不同層次的新舊油彩隨時間變化，力道融合交錯，創造出幽邃無垠的空間維度。

為何獨鍾抽象？

其實，張淑芬從學畫的第三年起，就開始嘗試打破對「像」的執著，只是那時習畫年資尚淺，技法與經驗未臻成熟。無心而得的張式技法像是法器，能為她轉化內心的宇宙觀，在大千世界的物質與精神之間，抽離有形表象，探索純粹的本質。

就像她有幅紅光迷漫天際的「山之嶺」，是曾在尼泊爾山上打坐的深刻記憶。那時，她面對著喜馬拉雅山脈，看著晨曦從山稜浮現，天色由幽深漸白，而後道道紅光揮灑天際。那樣的迷漫紅光凝聚成畫作裡的宇宙心象，黝厚沉體周圍的繚繞紅光，似有氣息渾融其中，猶如夜空流動的雲體，倒映著宇宙星光也投射人間浮光，又似玄靜宇宙中道生萬物，通透天下之物生於有，有生於無的循環反復。

可以這麼理解，抽象亦是呼應她內心尋真、持善、求美的想望，以及長年內觀而悟得的空性真義。空性的智慧是了解事物都是相互依存，當因緣和合時，任何事都有可能，也會緣起性空。

人內心的永恆是明白生命是無窮盡的，知道時間如愛，既分不開，也無謂快慢，進而理解萬物以關聯形式存在、生命與宇宙合一的重要意義。如紀伯倫《沙與沫》中的詩句：「昨日我以為我是一塊碎片，在生命的穹蒼裡，不帶韻律地顫動；今日我卻知曉，我即是那片穹蒼，一切生命以有節奏的碎片在我心底流動。」

這也是張淑芬的公益領悟——當清楚明白自己即是那片生命穹蒼，就願意點亮自己，像一盞「無盡燈」，知道可以點燃千百盞燈，但其自身的光芒並不會減弱，生命會引導、啟蒙你把心敞開，懂得從每個人身上學習，而且不會緊抓著不放。

很多人並沒有活出生命，而是活在角色中，因而無法真正感受到喜悅，如果想要擁有不乏味的生命，就如佛陀所言：「點亮你自己。」一個想領悟生命的人，會對他人如同對自己一樣，升起同理心，因為知道一切沒有分別，包括自己在內，就如每個音節都是樂曲的一部分。

然而，愛豈不像宇宙，亦無窮無盡？

生命的法則就是擴展與分享。「愛與同理心是上天給予每一個人最珍貴的禮物，」張淑芬形容，自己的周圍有兩個巨大的不同世界。一個世界令人羨慕，擁有許多資源，不用太費力，就能成功；另一個世界則相反，現實條件讓他們難以靠自己的力量改善現狀，她自覺該為那些無法發聲的弱勢者做些事。

想點亮更多的無盡燈

因而，她曾中斷作畫，卻不曾在公益之路停下腳步。她就像兩個世界的引路使者，將慈悲的種子灑到台積電之後，也開始連結社會，想點亮更多的無盡燈，點燃千萬個眾生的慈悲與慈愛心。

有人形容，她的畫作總有一股正能量的氣勢，像是要傳達給世人，即使經歷過千端萬緒的磨練，仍要堅持無染地對人世抱存溫暖、希望。或許正如黑格爾所言，真與善只有在美之中才能水乳交融。

張淑芬是由姨媽帶大，從小就比同齡早熟，每當看到一片墓塚，都有繁華落盡，過近千帆的寧靜之感，「我不會因為缺少而遺憾，卻常因得到而歡喜，」她認為，人要珍惜，尊重自然，對他人與萬物賴以生存的環境要有益處，所以她推動減少資源浪費的惜食、節能節水課程，號召大家幫助弱勢的那些專案，都可見其殊途同歸的生命觀。

兩個女兒自小耳濡目染她助人的生命觀。尤其是小女兒吳永儀，近幾年回到台北居住，也跟著她做公益，「我們從小看媽媽就是這樣，她很喜歡幫助人，受媽媽的影響，我住在紐約時也是會拿食物給遊民，也會去做志工，對我們來說，幫助人是理所當然的事。」

張淑芬的畫作「山之嶺」。畫中紅光迷漫天際，是她曾在尼泊爾山上打坐的深刻記憶。

在公益這條路上，達賴喇嘛的智慧對張淑芬有深遠的影響，兩人是二〇〇七年十一月在印度種下的因緣。

那次，她陪張忠謀到印度開會，問人能否有機會拜見這位世界精神領袖，並把行程中的空檔日期告知對方，事後她才知道全球有不計其數的人想拜見達賴喇嘛，但都得要等上好久。

應該就是殊勝的因緣具足，他們真如所願在那天見到如溫煦暖風的達賴喇嘛。一開始，達賴喇嘛把她當成一般的企業家夫人，直到張淑芬脫口說出：「你來我的夢中教過我。」

這位心靈導師笑咪咪直視著她：「不是在夢裡，是在你的半醒之間。」

近距離的請益，像是當年夢裡所見所聞的再現，若要歸納相談精華，張淑芬一言以蔽之：「達賴喇嘛教我慈悲智慧。」這十年，她帶領台積電志工社、台積電慈善基金會團隊，都是依循用慈悲的心和有智慧的方法來行善之事，助人過程中，不造成他人的困擾，更不要讓受助者增加貪、瞋、痴。

「我們還要鼓勵他們向前走，不能因為有了幫助而變得怠惰、依賴，要因為曾被幫助而能感恩，站出來去幫助其他需要的人，我相信每個人都是一顆善的種子，」在張淑芬的發心裡，當愈多人都能播下善的種子，這個社會就有機會善緣滿布，種樹成林。

捨得與轉念

教導的因緣持續流轉著。那次會面，達賴喇嘛送了她一尊釋迦牟尼佛像，並輕聲低語：「我們的老師。」張淑芬如獲至寶，把這位「老師」虔誠供養於家中佛堂，愈看愈心生歡喜。

有天，普力關懷協會理事長張慧芳來家裡作客，久久凝視這尊佛像，張淑芬突然心生應轉送給她的念頭，當她把佛像交出去時，由於有太多不捨，不禁邊流著淚邊叮囑朋友一定要好生供奉。

起初，她照三餐關心：「你對我的佛像好不好？有沒有供水？」慢慢地，想起的次數變少，惦念的電話不似從前頻繁，難捨的情感也漸漸變淡，幾個月後，她突然發

2007 年，張淑芬近距離向達賴喇嘛請益，教會她慈悲的智慧，使她日後不斷帶領台積電志工用智慧來行善。

現不再牽掛，真正感覺到這位「老師」真實存於心中，明白了何謂不洵泥於有形實相的「無」所不在。後來得知張慧芳將佛像送入高雄佛光山的佛陀紀念館地宮，心中無限感恩這個美妙的因緣，讓她更懂得，這位「老師」是來教她捨得與轉念。

「這是上天的安排，因為那麼珍視的寶貝送人了，若沒有這段的牽腸掛肚，我不會懂得什麼叫捨得，握在手中不是真正擁有。當自己走過從有到無、發現無的自在，把這個經驗套用於其他事情，就沒有什麼大不了。」

她也是這樣看待自己的畫作。二〇一一年，她在佛光緣美術館巡迴展出四十九幅油畫，全數義賣用於佛陀紀念館的籌建。當初，她本來想留下幾幅鍾愛的代表性作品，卻因緣際會全部捐出。一開始對於畫作也是諸多不捨，有天打坐時，心念一轉：「如果，我創作出來的這些寶貝們，能讓別人來疼愛，還能以此護持佛陀紀念館，這樣的連結意義不是更開闊嗎？」

從不捨而能捨，是人生另一層次的學習。她也思考過人生最終的大捨，有人問過張淑芬關於死亡這件事。

她誠實回答：「一直在想，不過想開了！人死了，肉身結束了，但靈魂還是跟你同在，所以死亡並不可怕。活著時，把靈魂修好，好好對待肉身，不要對人世間有太多的捨不得。張忠謀是我唯一的掛念，所以我一定要活得比他久，萬一他走了，我也可以走了。」

做公益的朋友跟她說：「想著很多人因為自己改變了一生，變得更好，那真是一件幸福的事。」她請那位朋友不要那樣思考公益：「做什麼事都不要罣礙，也不要回頭去看別人有沒有獲得，因為你學習到的是自己本來就沒有的，充實你生命的並不是付出，而是感恩。」

用公益觀照自己，向他人學習

她的畫作屢次登上國際拍賣會，其中也有張忠謀坦言割愛的油畫。她說，放手世界更大，「畫放在家裡，是藏起來，別人買走，是掛起來。」

二〇一九年，她跨界水墨畫，因為覺得更能夠展現東方文化的精神內涵，她融入了油畫活潑豐富的特性，不受傳統水墨畫的黑白濃淡所限，奇趣幻化的創新風格吸引歐洲畫廊引進畫作。被藝評家譽為「既保留西畫濃烈色彩滿布畫面的痕跡，同時兼容東方藝術的溫婉細膩」。

她喜歡跟自己對話，希望無論如何，都不失去一顆純真的心，「不管年齡多大，都要學會誠實面對自己，當你深夜與自己獨處時，不會不喜歡自己。」她自我剖析，做台積電公益的這十年，時常觀照自己，也向他人學習，「我看淡許多事，生老病死、悲歡離合，愈來愈懂得無畏。」

無畏，讓她有股颯爽英氣。吳永儀觀察母親的作畫，形容她身上有股強大氣勢，連平日調皮的小孫子也不敢靠近。

許悔之曾經與張淑芬合畫一幅「傷害與修補，入佛法大海」的水墨。他回憶，第一次受邀到她和張忠謀在台北的家，一進門，張淑芬的第一句話是：「菩薩要我來幫你，所以我約你見面。」她描繪了許悔之一個內心極為隱密的創傷和黑洞，他聽了熱淚盈眶，說不出話來。

後來，張淑芬邀他到畫室參觀，興起提議：「我們來合畫一件作品吧！」

當下，許悔之充滿踟躕，「她是一位氣場很強的人，雖然我們彼此友善，但我內心卻生起一種被震懾的恐懼。」許悔之先於一張約一百多號尺寸的日本「高知麻紙」上作畫，再換張淑芬。

他形容，作畫時的張淑芬猶如一位在懸崖邊禪坐的道人，立誓「今天若不證悟絕不起身」那般的絕不後退，目光炯炯地加墨、添色，再從顏料碟裡抓取混了鹿膠和水的「洋金」，直接用手掌、手指抹塗在她認為該加上的位置。然後，張淑芬停頓良久，取出一種美麗色粉，在畫面中加了一點點紅，「紅點加上的時候，我幾乎要掉出眼淚，她讀取了我的心，知道前半段我畫的是傷害，並且用金色串縫我以墨痕表達的苦痛，最終收束於畫面的一點紅。」

把人生當成一幅畫

張淑芬亦把人生當成一幅畫，期許在人生最後一念是心無罣礙，而不是假如能夠重新再來。她常跟人分享，做公益看似幫助別人，其實受益最多的是自身，「我學會放下，學會包容，明白了接受不完美後，才能消除一切煩惱。」

她不像許多藝術家會創作一個十幾、二十多幅的系列，持續在同系列上尋求突破。她喜歡創作不同主題，從現象回歸到覺知生命深刻意涵的本質，就像她做公益，同時進行多件事。

也因為做公益，很多東西看到卻沒辦法做到，於是，張淑芬把內心感受付諸畫作，畫裡往往充滿祝福，抒發普世之情及宇宙之愛，「我是用心情與感覺去作畫，畫畫最重要的是那片刻的起心動念和美，不被框架限制，才能創新。」現在，許多人要收藏她的畫，她都會跟買家與藏家說，先做公益，再來看畫。

她自覺創作很慢，畫一張畫要磨半年，但喜愛融合不同色彩、形式、媒介材料，像是她在「柿子樹」和「觀蓮」水墨畫創作，加入拼貼藝術，豐富了構圖視覺。

張淑芬在公益推動惜食，作畫時也不浪費油彩。有一次因下手太重，畫布上的油彩過於厚重，她想了一下，拿了另一幅較小的白色基底畫布，讓一大一小畫布對貼，再正反順壓，兩張畫布分開後，頓時，原先油彩過多的那幅畫，因捨了多的顏料，下層油彩也因而得以透現出來，另一幅也因為上了一層薄薄的新色，有了樣貌，「這叫互相揩油，不要浪費的藝術，大幅的顏彩更有層次，小的也揩了這層薄油，虛虛實實，陰陽互濟，兩幅都漂亮了，多好啊！」她打趣說。

捨與得，虛和實，陰跟陽，就像小我與大我，個人與群體，多的人捨，少的人得，相生互濟，卻能同時更美麗。

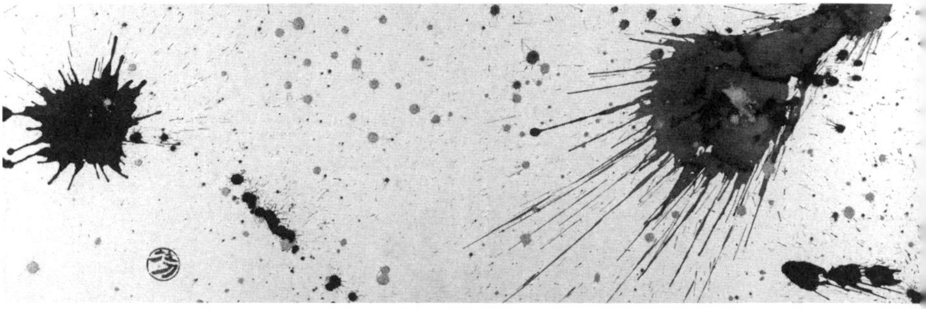

Chapter 10

讓愛在每個靈魂裡安居

一抹綠，靜靜佇足在花蓮雲門翠堤大樓傾塌的現場，手持佛珠，為往生者祝禱，那是穿著綠色毛衣的張淑芬。

隱約還能感受腳底不時傳來的餘震，她堅定站在雲門翠堤大樓現場，用自己的方式為這塊蒙災的土地祈福。

二〇一八年二月六日深夜，花蓮發生芮氏規模六、震度高達七級的強震。這場天災造成十七人罹難、兩百九十一人受傷。強震發生前不到十小時，張淑芬剛從太魯閣寫生回來，白天時，她也曾在花蓮感受到腳下土地有過短暫晃動。因此，當看到新聞快報花蓮強震災情，倍覺感同身受，不假思索拿起電話，聯絡基金會同仁準備勘災。

為了不妨礙搶救生還者，他們等到第四天，二月九日才敢動身前進災區。清晨四點多，基金會的同仁從新竹北上，在台北與張淑芬會合，趕搭最早班火車去花蓮。

上車後，算好張忠謀起床的時間，她才打給先生：「我們今天要去花蓮，評估台積電能夠提供什麼協助？」張忠謀知道已來不及阻止行動派的太太，只能在電話那頭叮囑她，要注意安全。

從火車站出來，她與基金會同事直奔災區，當看到隨時會崩倒的大樓、處處瓦堆

花蓮大地震時，為了不妨礙救災，張淑芬到了第四天才趕往現場探視，照片為她在災區現場，手持佛珠，為往生者祝禱。

殘片，即使有參與災後重建的經驗，也不禁驚嚇倒抽一口氣。一行人馬不停蹄，轉往各收容所，深入了解災民的需求，以求能規劃出務實的救災行動。

當張淑芬出現在災區，便有記者上前問：「台積電這次要捐多少錢？」

她語帶沉重：「我們難道只能談捐錢嗎？真正重要的是，可以有什麼實質行動能真正幫助到災民？」勘災北返的會議上，張淑芬陷入沉思，對大家說：「高雄氣爆時，我曉得我們要做什麼，但這次花蓮地震，我不知我們能夠做什麼？我們能救人嗎？能救災民心中的恐懼嗎？」

參與過莫拉克風災、高雄氣爆與八仙塵爆事件的重大救災行動，張淑芬很清楚，政府救災有其法令的限制，無法回應民眾的個別需求，企業的協助是否務實，切中災民的需求，尤顯重要。

那年的除夕是二月十五日。

張淑芬、莊子壽以及彭冠宇等基金會幹部勘災後的三日內，幾乎每天馬拉松式地開會討論震災方案，台積電很快於二月十二日公布花蓮震災協助復原方案。加快速度是基於人飢己飢、人溺己溺的同理心，因為懂得驚嚇的靈魂會有多麼不安和躁動。

第一階段：派遣水車，啟動募款與志工招募

做為台積電慈善基金會董事長，張淑芬與團隊密切討論後，啟動三階段守護花蓮。第一階段在農曆年前啟動，先解決民生用水問題，以及啟動募款與志工招募，並派遣搬運工幫助花蓮的獨居老人清理家園。

在台積電緊急調度下，十部大型水車由台南前往花蓮，支援災區送水服務直至自來水正常供應。晶圓製造過程需要大量純水沖洗晶片蝕刻雜質，台積電除了積極提升節水技術，更備有水車應變。另一方面，二月十二日當天，即刻啟動募款與志工招募平台，並邀請台灣半導體設備暨材料協會（SEMI Taiwan）會員企業以及產業鏈企業共同參與。一個月後（至三月十六日）便募集到預計修繕需求的目標，共有七千八百人響應，高達新台幣五千八百四十四萬元，捐款者包括台積電、內部員工，以及社會各大企業和個人。

年節期間，張淑芬隨著家人到夏威夷過年，但幾乎整日拿著手機，同步救災最新訊息。那幾天，她依然每天晨起靜坐，通過「止觀」，讓身心專注於當下的如是。

「止」是安定輕鬆，「觀」是清楚明白，在安定中洞察事物本質。靜坐會讓身心放鬆，過程中，頭腦會不斷放捨雜念，讓身心慢慢安定下來，「止」就會出現。接著，持續覺察自己，但不做任何評斷，純然接受當下狀態，這就是「觀」。隨著止觀的歷程，心會愈來愈清朗，思緒漸漸清楚，當一切事物變的清晰、深刻，智慧就能顯露。

經過農曆年的靜思，張淑芬更加確認，重建家園也應包括重振大家的愛和希望。台積電團隊除了以專業協助受災戶修繕房屋，還要用更實際的行動支持花蓮，給予迎向未來的勇氣，這樣才能生出愈具強韌的信心。

第二階段：重建家園，重振愛和希望

二月二十二日，台積電重建工程團隊以及根基營造、互助營造、大三億營造、達欣工程等協力廠商迅速進駐花蓮災區，針對被政府判定為非結構受損住宅的受災戶修繕屋舍。

「我們都會在這裡，台積電是直接派駐人員進來，加上廠商人員，共有上百人，不用擔心！我們就是每天做，我們都在這。」台積電公共設施服務部副理榮一弘溫暖而堅定對著來聽說明會的災民保證。

「我們都在這裡」，短短幾個字，強而有力地穿透惶恐的心。團隊不是被動待在工務所，等待上門的個案，而是請縣市政府協助，組成訪視小組，主動出擊，志工與專員挨家挨戶調查受損現況，優先修復獨居老人、弱勢團體與家庭的住處，一經確認符合資格，工程團隊就會於最短時間內進場施工，為的就是讓居民能夠盡快回家，恢復正常生活。

受災戶有說不盡的感恩。「謝謝你們幫我們修復家園，你們是上帝派來的天使」、「如果沒有你們，我們可能無法重建家園，就像拉起不會游泳的我們，用專業指引下一步的方向」、「這群人與我們無血緣關係，卻這麼盡心盡力，謝謝台積電讓我們看到希望」……，台積電團隊與協力廠商齊心投入民宅、公共設施等修繕工程，地震後半年，團隊才真正撤退，總計重建了四百三十九戶，百分之百的完工率。

其中有位高齡九十多歲的獨居老伯伯，地震震垮了房子的屋頂，台積電團隊不但幫他修好屋頂，也整修了居家環境，讓他再也不用飽受漏水之苦。老伯伯為此感激涕零：「謝謝你們！我會記住你們每個人的臉。」更不斷拜託志工，想去新竹總部當面跟台積電董事長張忠謀道謝。後來，張淑芬自己親自前往探視這位獨居長者，圓滿他的心願。

第二階段也舉辦勇氣營，將一百零四位孩子帶離花蓮災區，為幼小的心靈重振愛和希望。

地震剛過滿月的三月九日，基金會在小叮噹科學主題樂園，舉辦「愛、希望與重建」三天兩夜營隊，並將專業的心理輔導融入活動設計，由台積電志工們擔任陪伴者，以滿滿的愛與擁抱，讓一百零四顆心靈，透過共同經驗的集體療癒，找回平靜與勇氣。

孩子們在淚水中釋放夢魇的恐懼，在歡笑中感受到明日的希望，當他們跟著志工們歌唱時，心靈得到了撫慰，當他們對著大家說話時，透過敘事重建了經驗的意義。

志工們鼓勵孩子們化身為花蓮觀光的小小代言人，為家園盡一份心力。其中有一個大孩子上台，跟全場同伴喊話：「地震雖然震倒我們的家園，但不能讓它就這麼衰落下去，我們要勇敢站起來。」共同的使命能夠燃起動力，如同每人手上的小燈燭，在黑暗中，只要每個人點起燈，也能如白晝般光亮。

第三階段：帶頭重振花蓮觀光

張淑芬探視花蓮受災戶時表示：「不用擔心！很多人都在支持你們，我們也會用我們的方式支持你們！」這是安慰，也是承諾之語。在第三階段，台積電慈善基金會想協助振興受到衝擊的花蓮觀光產業。

強震後，遊客人數驟降，直接影響花蓮居民的生計。為了活絡商家經濟，台積電各廠處和單位陸續啟動花蓮特產與美食團購，又想到觀光勝地需要人潮，台積電慈善基金會決定把台積電員工送去花蓮旅遊，幫助花蓮在地商家復甦經濟。

台積電的福委會遂與台鐵合作，鼓勵員工赴花蓮觀光，規劃觀光專列，同時贊助員工及眷屬車票，並補貼每位員工三千元的旅遊津貼，累計超過七千五百位員工及眷屬報名花蓮旅遊。張淑芬更親自率領三月二十四日的首發團，約七百人展開兩天一夜的花蓮輕旅行，用行動力挺花蓮淳樸的美麗。

接著，總統蔡英文、時任行政院院長賴清德也帶團到花蓮觀光，盼帶動民眾一起到花蓮旅行，其他企業，如台塑接續響應，影響效益像漣漪擴散開來，集各界之力，恢復了花蓮觀光業的榮景。

以台積電為首的救災團隊，經歷了台灣這十年來重大災難，從莫拉克風災、高雄氣爆、八仙塵爆到花蓮強震，為企業救災史寫下新的典範，改寫過去一遇重大災難，企業接力出聲捐款或捐物資的形式。

在救災上，台積電走出一條「台積電風格」的路——救災不先談捐錢，而是深入了解災區需求，再將專業團隊帶進災區，協助解決問題。

而，二〇一八年花蓮救災行動，間接促成了台積電慈善基金會「把愛送出去」公益平台的「一萬一戶」專案——集社會大眾之力，為更多弱勢家庭點亮希望，翻轉現狀。事實上，這也是一項社會創新行動，用創新的方法來解決社會問題。

當時，志工團隊向張淑芬回報房屋修繕進度與個案關懷，但有些是被「窮、老、病、孤」合力夾擊的家庭，一個個都令人揪心，這些極需要幫助的超級弱勢家庭，志

張淑芬想到觀光勝地需要人潮振興經濟，於是號召台積電員工一起去花蓮旅遊，幫助花蓮在地商家復甦經濟。

工們因花蓮救災就發現多達二十七戶。

比如，有位年近九十的拾荒阿媽，先生早逝，兩位子女先後不幸罹癌，與台積電志工相遇時，兩名五十多歲的子女已無工作能力（大小便失禁須包覆尿布，且要定期接受標靶治療），阿媽獨力撐起一家三口的溫飽，每日清晨三點就要出門工作。

還有因強震導致無家可歸的個案，原本的經濟弱勢變得雪上加霜。像有位患有先天性心臟病的單親媽媽，平日打零工賺取她與兩位小孩的學費與生活費，但自己也需要煩惱長期的醫療開支；有位年近八十的高齡獨居者，無工作能力，僅依靠微薄的老人津貼度日，強震後房屋全毀，只能蝸居在堆滿資源回收物的簡陋木屋。

雖然，台積電慈善基金會協助這群人解決了房屋安全與修繕問題，修繕後居家環境甚至比災前還要舒適，但這一方屋簷的世界，卻因無法擺脫經濟的困境，離安身立命還有很大差距。

雖深陷苦難，他們仍保有生命的韌性。像是當台積電志工把收集的廢鐵送給那位年近九十的拾荒阿媽時，她沒有抱怨生命給的難題，反而問起志工們肚子餓不餓，要不要煮餃子給大家吃。這樣的生命態度，也令志工們動容，遂不斷思考著，還能為他們多做些什麼？

把愛傳出去，力量才會大

有天，張淑芬早上靜坐完後，到她與張忠謀的台北辦公室，和基金會同仁開會。她想發起一項社會行動，為這二十七戶找到一年生活費的認養人，認為：「持續一年才能徹底改善受災戶生活，他們的命運無法馬上被扭轉，但若有人幫助，他們就有改變的可能。」她跟同事形容，未來想做一個平台，號召企業與個人集資捐款，「把愛傳出去，力量才會大，而不是只靠台積電自己做。」

這個想法獲得大家的認同，但在金額上，她與同事有出入。所有人都同意資助需要一年期，但每月應該提供多少才適切？有人提出，每月一萬元，一年共十二萬元，但張淑芬抗議：「不能再多一點嗎？一萬太少了，可以兩萬嗎？」在不斷來回討論下，大家一致同意，每月補助一萬元在花蓮能維持生活基本所需，而且也不會讓捐款人有過多負擔，於是拍板定案，啟動「一萬一戶」專案。基金會也很快架設好公益平台的網站，放上家戶狀況說明，對外徵求認養者，短短一週，二十七戶就全數被認領完畢。

從花蓮受災戶到社會邊緣戶

張淑芬走第一線，不怕勞累，只是，感性的她見受苦的人掉淚，自己心裡也會難受止不住眼淚，後來，志工幹部索性要她少去醫院、窮苦長輩的家中這些會令眼淚大噴發的場所，只要夥伴們說：「Sophie，這戶人家你最好不要去，你可能會受不了（會哭）。」她就有自知之明。花蓮受災戶認養完後，她想把一萬一戶擴大到全台，變成長期專案，因為長年與台積電志工們走訪各地，發現還有許多需要幫助的社會邊緣戶，她想尋求更多的點燈人，把人和人的互助連結起來，讓大家的捐款能夠確實幫助到困苦的民眾。

這樣的連結需要建立嚴謹的審核與控管機制，找到真正需要的人，才不會讓愛心捐款或資源被濫用。

台積電慈善基金會團隊會於第一線評估、篩選與訪察符合受助條件的家庭。當基金會評估過後，確認個案需要幫助，就會將資料放上「把愛送出去」公益平台的官網，開放大家認捐或認養[1]。之後，基金會員工也會定期訪視與追蹤這些受助個案，若未善用補助款，就會終止補助。當中就曾發生追蹤後，發現受助個案把每月一萬元的捐助款拿去喝酒，因而撤銷資助。

認真監督善款用途，就是要確保愛心不被濫用。張淑芬常跟同事說，要用智慧做慈善，不要因做慈善增加別人的貪嗔癡，「做慈善時，會面臨許多需要智慧的抉擇，我們要選擇出力，不是給錢而已。」

後來，把愛送出去的平台也多了一項「急難救助，守護生命」專案。這是因為二〇一八年十月，張淑芬看到一則「單親貧母攜二子燒炭，只有長子獨活」的新聞，這位單親媽媽因憂鬱症曾幾次尋短，無法正常工作，家中經濟只能依賴十六歲長子半工半讀，生活十分困苦，當母親提議三人了結生命時，長子因覺得人生太絕望，沒有反對，後來警方調查發現，十三歲的小弟曾於事發前，在臉書寫下跟世界道別的話語。

張淑芬為此悶悶不樂，甚至打電話給基金會同事，感嘆怎麼沒有及早找到這些因走投無路陷入負面思考的人。也因為這則新聞，基金會新增了「急難救助，守護生命」的專案，提供因突遭變故的弱勢家庭或個人需要的捐款、物資或工作，盡可能挽回生命，協助度過難關。

基金會事前都會在社工陪同下，訪視與篩選合適的案例，務求大眾的愛心能送到真正需要的人手中。比如，有戶個案是獨自撫養孫子的六十多歲長者，因癌症接受化療，被迫暫停工作，政府補助扣除房租後所剩無幾，生活陷入困頓，也不敢去想日後治療癌症的醫藥費。

也有戶被救助的個案是一位八十多歲的阿媽，她雖然不是工作者，但本身是糖尿病患者，需要長期施打胰島素，兒子是家中唯一的經濟支柱，卻突然中風，無法工作，排山倒海的家庭支出，如兒子的醫療復健費、兩位孫子的學費、全家人的生活費與房租，僅能透過微薄的福利津貼與所剩無幾的存款過日。

天有不測風雲，人有旦夕禍福。一萬一戶、急難救助的專案，對於需要度過難關的家庭來說是很大的助力。

讓關心社會的人都能參與

現在，「把愛送出去」成了一個讓關心社會的企業、團體、個人都能有機會參與的公益平台，除了一萬一戶、急難救助，也多了不同的送愛計畫，像是惜食行善、偏鄉醫療、弱勢教育。

台積電慈善基金會除了募款，也募集物資。透過評估了解要幫助個案的實質需求，針對願意參與的企業、團體整合既有資源，提供受助團體所需物資，像是數位教材、平板、食物等等。董事會時，幾位董事聽完年度簡報後，其中一位忍不住對張淑芬說：「你們才四、五個人就能做這麼多事，預算應該多給你們一點！」跟在張淑芬旁邊做事，一點也不比在台積電工作輕鬆，但基金會同仁都願意為了把愛送出去的使命盡力付出。

「很多人想行善，卻不知道從何開始；也有很多人有能力，卻不知道怎麼幫助別人，『把愛送出去』就是我們提供給大家的公益平台。」張淑芬也開始到處去演講，希望打動更多企業與個人一起投入，喚起社會上的愛心和關心，讓每個需要的人都有重拾人生的機會，「請跟我們一起點亮一盞燈，照亮社會的暗角，」每次她都這麼認真呼籲。

凌洌的寒冬無法摧毀即將到來的盎然春色，讓愛如光，在每個靈魂裡安居。

注 1：「一萬一戶」專案篩案標準

＊下列要素**全數勾選**，才符合「一萬一戶」專案開案條件

評選要素	細項
家庭狀況	□ 家庭經濟陷困或遭逢重大變故 □ 家庭收入（含福利補助）低於家庭支出且低於全家每月最低生活費 □ 工作能力受限或身體健康因素或照顧因素導致就業不易或工作不穩定 □ 需長期支付醫療費或有明確經濟需求 □ 確認案主資訊無明顯疑慮造成困陷原因合理
案家態度	□ 態度正面積極，努力改變 □ 心存感恩 □ 無任何不良使用補助之紀錄

「一萬一戶」專案關案標準

＊同時我們將**定時訪視**，並參考下列的關案標準：

關案標準	□ 案家狀況明顯改善 □ 主要照顧者或替代照顧者狀況明顯改善 □ 案家已具備部分社會支持體系並適應情況
	□ 態度不佳且屢勸不聽 □ 未善用補助款項且屢勸不聽 □ 獲責任通報（家庭暴力、兒少虐待、性侵害及其他法定通報項目） □ 狀況明顯不符合審核時之敘述

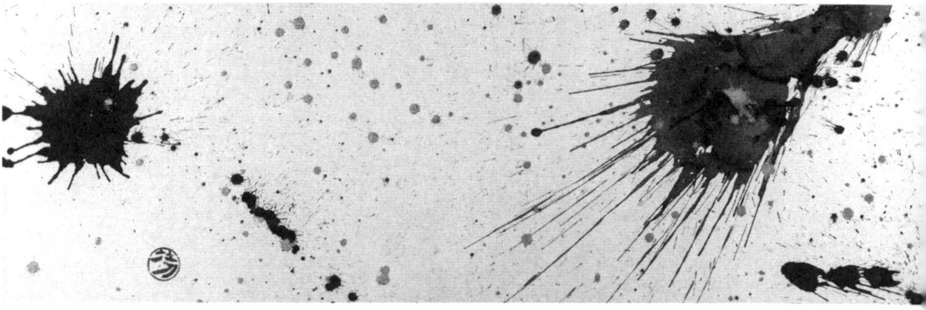

Chapter 11

用平台力量完整偏鄉碎片

世界先進董事長方略這麼形容張淑芬：「幸好她不是我們的同業，否則我們都沒飯吃了！」

方略曾在台積電任職，後至世界先進擔任總經理，二〇一五年升任董事長兼任總經理，「以前對她的印象是一名企業家夫人與藝術家，陪著張（忠謀）創辦人出席APEC，優雅大器、不卑不亢跟各國領袖夫人交流。」二〇一九年，張淑芬應邀到世界先進演講公益足跡，聽完後，方略徹底佩服這位張董事長，「台積電慈善基金會運用有組織的方式做出公益界的典範，比管理半導體廠還要困難與複雜。」

他分析，張淑芬自己不經手錢，百分之百將捐贈者的資源用於受助者身上，讓社會資源流動更有效益，「信任是能夠凝聚眾人之力的核心價值。Sophie 運用她的影響力，不斷出去演講，變成經驗分享，集結起來，就形成一種啟發人心的社會運動，也創造了一個令人信服的大平台，」方略認為，企業本來就該盡社會責任，世界先進積極投入公益，也思考著如何對社會有更多的貢獻，但憑一己之力，難免有其局限，志工服務多以鄰近地區為主，現在透過台積電公益平台可以讓資源更有效運用。

「台積電慈善基金會推動的公益項目跟別人很不一樣，有高度，卻也注意到非常細微之處，他們推動宏觀的孝道扎根，也做日常生活的惜食；震災也是，不但出錢出力，更細膩關懷災民的感受，」受到張淑芬的啟發，方略開始在世界先進推廣惜食。

知見可以廣大，心思要細密如塵

正如那著名的西藏諺語：「你的知見可以如天空、虛空般廣大，但你的心思、覺性與行為應細密如塵。」

自從接下台積電慈善基金會董事長，張淑芬成了倡議者，「她愈來愈忙，南北奔波，腳步也愈來愈快，一直衝在前面，我們在後頭都快跟不上，」台積電廠務處資深處長莊子壽觀察，張淑芬衝得快，也要求落實徹底，「不是只想解決之道，解決問題後，要能夠系統性的持續做下去。」

「Sophie 的心思細膩，很多細節都是被她追問出來的，」台積電慈善基金會副執行長彭冠宇形容，有次訪察偏鄉教育，張淑芬覺得對方的簡報言過其實，聽了一半便起身轉往學校的廚房，實地去看營養午餐的供應狀況。

「我去廚房看到學生的營養午餐份量好少，弱勢家庭的孩子常沒有早餐可吃，只能等中午這一餐，營養根本不夠，這怎麼得了？」張淑芬跑得勤，也用行動眼見為憑，當場決定「認養」早餐，只是每天該怎麼把早餐送上山？後來，找到營養午餐的煮飯阿姨幫忙帶早餐到學校。

張淑芬還有個「冰箱哲學」，她會察看冰箱的內容物，比如她去課輔班，從冰箱就可以大約猜出孩童們平日的伙食；去基金會的惜食據點，也能從冰箱確認食物的補給夠不夠。

她眼裡的大事跟莊子壽等人不同。十年來，有些事是張淑芬自己決定，有些事是與莊子壽共同決策，「我跟他認為的大事不同，我看到災民的門沒了、屋頂沒了，覺得是大事，他（莊子壽）認為造橋鋪路才是大事。」兩人彼此學習思維，融合觀點，形成台積電公益行動的智慧與慈悲並行，知見廣大、卻心思細密，觸動人心、卻有條有理。

事實上，偏鄉一直有著台積電的公益足跡。過去，因為台積電志工社隸屬於台積電文教基金會，由教育部管轄，志工服務要聚焦於教育相關領域，二〇一七年成立的台積電慈善基金會，主管機關為衛福部，在關懷弱勢上能有更深著墨，更能延伸台積電原本的科技能量。

像是他們從陪伴與關懷獨老的過程中發現偏鄉醫療資源不足，台積電慈善基金會與豐原醫院合作研發遠端關懷設備與系統，也與苗栗醫院共同開發智能照護系統，成功將社工訪視獨老的頻率提升至八倍之多。

國境之南的屏東牡丹鄉，也是台灣原住民鄉落最南邊，二〇一六年，莫蘭蒂颱風吹毀原鄉裡的日照中心，經縣府及鄉公所另覓地點，台積電慈善基金會協助牡丹鄉建置新的多功能復健中心，空間設有電動樓梯升降椅，更方便於長者，屏東的日照充足，適用太陽能發電，中心的樓頂就架設了太陽能發電系統，環保又新潮，牡丹鄉多功能復健中心成為長照2.0政策的A級服務據點，能更全方位照護原鄉長者。

讓偏鄉醫療順利進「行」

長照政策正式上路之後，張淑芬認為，基金會應該關注政府無法顧及、但對偏鄉獨老卻急迫的需求。

她與志工們發現，就醫上的交通對偏鄉獨居老人是一大問題，因為交通不便，就不想出門，也不去看醫生，而老化過程多少伴有慢性病，需要定期服藥與回診追蹤，交通阻礙加上缺乏照護人力，使小病延誤為重症，因病造成經濟負擔，最後真的成為行動不便，陷入惡性循環，因而開始關注偏鄉醫療能否順利進「行」。

地處偏鄉的長者可能要花上一、兩個小時或者更久的車程，才能順利到達醫療院所，若錯過公車，還得在原地等上一小時；而離島獨居老人的對外交通必須配合船班或班機時間，有時還會因為天候因素停駛。因而，台積電慈善基金會發起偏鄉公益交通計畫。

首先，偏鄉常有醫療接駁車或醫療巡診車的需求，基金會就捐贈了一台醫療巡診車給醫療貢獻獎得主高揚威醫師。出身桃園復興鄉泰雅族的高揚威醫師放棄都市工作，返鄉服務，除了固定門診時間，常需要外出進行居家醫療與安寧療護，有了這台車，對必須深入崎嶇後山巡診的他來說是一大助益。

另外，也協助台灣外島的醫療照護，像是捐贈醫療接駁車給金門長照中心，以及三台超音波機給澎湖離島的七美、望安、白沙三地衛生所。澎湖離島的七美鄉、望安鄉衛生所原有的超音波檢查儀器損壞，採購新儀器需超過新台幣百萬元，衛生所無法負擔這筆費用；而白沙鄉有多個離島，巡迴醫療時，也需要一台攜帶式超音波機，方便醫護人員及時診斷病情。可以見得，台積電慈善基金會做公益不是灑錢，而是做在關鍵需求的痛點上，這其中需要縝密的訪察與時間投入。

另一方面，他們也積極尋找願意贊助醫療接駁車或專業醫療設備的企業或善心人士，改善偏鄉獨老的就醫交通。

裕隆集團前董事長嚴凱泰在世時，曾透過「把愛送出去」平台捐贈了五台無障礙運輸能力的多用途車輛 LUXGEN V7，供台東五個偏鄉村落使用。

張淑芬特別為此到台東了解使用情形：「我們不能辜負善心。」後來，她到中油演講，請中油贊助這五輛醫療交通車的油資，中油也熱心應諾。

台積電慈善基金會協助牡丹鄉建置多功能復健中心，照片為中心樓頂架設環保又新潮的太陽能發電系統。

撿拾遺落的孩子

台積電慈善基金會特別關注偏鄉的兩個族群，一個是獨居老人，一個是弱勢家庭的孩子。

率直的張淑芬帶有俠氣性格，每當到偏鄉後，看見教育資源不足，想起自己的孫子什麼都不缺，但有些偏鄉小孩吃都吃不飽，更談不上教育，就會心生協助那些被遺落的孩子念頭，讓他們的人生有迎頭趕上的機會。

親自走第一線，是因為她想用平台的力量，推動偏鄉線上教學，完整偏鄉教育不足的碎片，「真正困難在於後續的管理工作，如何長遠經營下去，才是我們在意的。」有了「把愛送出去」的平台，張淑芬開始整合各界資源，為偏鄉教育投入更多。

其實，台積電志工社早已持續關懷偏鄉多年，像是廠務與修繕志工協助偏鄉小學修建，翻修硬體設備與校舍；社區志工也會定期陪伴長輩與孩童，透過聚會與活動串聯老幼；導讀志工則是定期至新竹、台中、台南偏遠地區的小學服務，為孩童說故事，也教英語、數學，有些嚴重落後的孩童甚至接受志工們一對一的數學輔導，超過九成學童跟上了班級程度。

台中霧峰聖若瑟天主堂課輔班原本就是台積電志工服務的據點。課輔班是由阿根廷籍的神父何進德（Federico Jaramillo）所創立，學童有三分之一是隔代教養或單親家庭，下課後就到課輔班學習、吃飯。課輔班主任魏文麗形容，課輔班中各種家庭狀況都有，有的是一間小公寓住兩到三個家庭，一家四口擠在像學生套房那樣大小的房間；也有因家暴問題父母離婚，由媽媽獨力扶養；有的孩子是隔代教養，缺乏生活教育，連日常基本的道謝、打招呼都不會。

台積電志工定期為孩子規劃課外活動，魏文麗對志工們的細心感受深刻。「台積電就是台積電，精準不遺漏任何細節，讓我們很放心把孩子交給他們，」她舉例，台積電志工會帶課輔班孩子們出去遊玩，如麗寶樂園、高美溼地、埔里有機農場等，而他們事先都會規劃好分組路線、小組隨行志工名單，「我們的孩子很皮，滿場跑，但台積電志工們就是大手牽小手，孩子們想玩什麼，他們都不會拒絕，我們在旁邊看了很感動。」

不僅如此，這群台灣的聰明大腦還借用高職學校的電腦教室，為課輔班的孩子開設程式設計課，以遊戲的方式讓孩子接觸程式設計，引發學習興趣，並讓他們自行設計遊戲參與競賽。

然後，惜食、孝道也被這些紅衣天使帶進了聖若瑟天主堂課輔班，每兩星期就會有冷凍食品送來；孝道成果發表會時，魏文麗會要孩子邀請家長到場觀看，有一幕讓她感受極深，當孩子在台上演出時，台下滿身刺青的父親不斷大聲鼓掌。紅衣天使也幫忙課輔班架設無線網路，並送來平板，導入均一教育平台的教材，讓課輔班的孩子也能用平板上網學習。

天主堂想將課輔班延伸到國中生，正愁沒有經費，魏文麗口中的恩人突然現身，「她收藏張董事長的畫，一來就主動問我們需要什麼？」那是一位年輕的媽媽，聽到課輔班想利用停車場的閒置空間蓋木屋教室，大方資助興建教室的費用，「太陽劇團獅子王來台演出時，她還買了票，包下一台遊覽車，送課輔班的孩子北上看劇。」

魏文麗在課輔班的活動上，如聖誕晚會、話劇表演，總會想辦法讓每個學生都有表現的機會，因為這些來自原生家庭失能的孩子有較高比例會有低成就感傾向，比較沒自信。

台積電志工深知課輔班孩子的身心需求，不只教他們功課，還會帶他們出遊。

她表示「這些弱勢孩子不只是家境貧窮、有學習障礙，更欠缺家人的關愛和溫暖陪伴。我們要尊重每位孩子，為他們創造舞台，因為在學校，輪不到他們上台。」魏文麗相信，人與人之間的溫度不會消失，就像她小時候受到修女的溫暖照顧而銘感五內，「謝謝台積電給孩子們的陪伴、關愛與笑容，他們長大後，或許無法記起每位志工的名字，但會永遠記得曾經有人這樣愛過他們。」

食物、教材、平板、修繕與志工

張淑芬作畫時，一畫就是六、七小時，甚或更久。像水墨畫，她自知入門晚，所以總會耐著性子，從毛筆練習直線開始，慢慢「磨」出一張又一張的好畫。但她卻心急台積電慈善基金會偏鄉教育專案，不斷思索著可以怎麼更快拉近城鄉教育的差距。

這天，在台積電慈善基金會的台北辦公室，她邀集了台灣關注弱勢家庭孩子課輔的基金會，像是以英數與閱讀為主的博幼基金會、課輔與社工雙軌制的永齡教育基金會、以數學與自然為主的均一教育平台，以及重視多元課程的快樂學習協會的四個基金會董事長、執行長齊聚一堂，討論偏鄉教育可以如何整合。

「他們都做的非常好了，尤其是教材與師資培訓，」在張淑芬的想像裡，與這些已具口碑的教育平台合作，再導入台積電公益平台的資源，如平板、愛心食品、房屋修繕等，可以完整偏鄉課輔班的廣度與深度，「若現有的課輔班需要食物，台積電可以提供冷凍冰櫃與食品，大家整合起來，再去服務更多的需求據點。」

換言之，張淑芬想透過「把愛送出去」的公益平台，整合出一個「食物、教材、平板、修繕與志工」的五合一模式，可以快速複製，也能視需求彈性組合，協助全台偏鄉課輔班「升級」。她甚至思考，每位孩子的興趣不同，若有些國中生不喜歡念書，是不是可以在課輔班轉換精力，學得一技之長，「偏鄉教育比我們想像中落後許多，升上國中後，他們愈跟不上，就愈不想上學，又缺乏家庭教育機制，容易受到外界誘惑而走偏。」

因而，台積電慈善基金會開始探索「偏鄉教育培力工程」的可行性，除了延續台積電志工的陪伴模式，更要接軌在地資源，連結鄰近大學的大學生與研究生，由基金會提供課輔家教費，如此一來，偏鄉不必過度依賴外縣市師資，也可雙管齊下，提供

為了讓課輔班的孩子們有更好的食慾，張淑芬不僅請來新東陽義廚指導各種創意料理，自己也親自下廚為孩子做料理。

偏鄉孩子平板，導入英語、數理等學科，或是台積電志工老師的線上教學，這樣學習便可以不受限於志工或課輔老師到來的時間。另一方面，他們也規劃與技職體系學校合作，為那些不想升學的偏鄉孩子打開一技之長的多元出路。

「想念書的、不想念書的孩子，都有能陪伴他們的偏鄉教育模式，」張淑芬不僅努力以平台力量完整偏鄉教育的碎片，亦協助課輔班老師打開新的教學視野。

繼孝道工作坊之後，張淑芬親自下廚推動「惜食，不費食」工作坊，同時透過新東陽義廚指導，啟發課輔班老師在廚藝上的創意，讓孩子們較容易排斥的食物，如紅蘿蔔、青椒能化身為餐盤裡的美味，更向老師們傳達「惜食」的理念，只要運用一些小巧思，就能使不完美的食物化為零失敗料理。「惜食，不費食」歷經兩個月，走訪了北、中、南、東，一共舉辦四場，全台有近一百五十位課輔班老師共襄盛舉。

演講足跡與公益足跡並行

如今的張淑芬，演講足跡與公益足跡並行，到企業、政府、組織機構、大專院校、宗教團體分享時，台下總是座無虛席。她從沒想過自己能上台演說，並且邀約不斷。有次，她到震旦行總部演講，張忠謀也現身聆聽，全場聽完才離席。等張忠謀走出會場，她與聽眾 QA 時，俏皮對大家說：「我沒想到我先生會這麼有耐性聽完，今天是他第一次知道我不在家時都去做了哪些事。」

在演講台上，她既是使命的傳道者，也是牽線的引路人。張淑芬應邀到 Tutor ABC 演講結尾時，她說：「我把自己當成專賣公益的 Saleslady，要是你們答應捐贈教材，一起改善偏鄉教育。我下週到大陸演講，專門一頁介紹貴公司。」Tutor ABC 營運長沈沛鴻很認同張淑芬的公益理念，認為除了食物，弱勢孩童也需要更好的教育，才有機會翻轉人生，因此當場先捐贈五百小時的線上課程，更應允加入台積電慈善基金會的平台，為偏鄉教育奉獻一份心力。

「我從來都不覺得我是在跟人要東西，我沒有碰到錢，也不需名利，只是需要大家的愛一起做事而已！說真的，我的人生走到這裡，就是感恩。」張淑芬認為愛無分宗教、派別，鼓勵大家做志工，從服務當中看見人性的善良，進而反省內觀。她到佛光山演講，要大家學習佛陀的智慧與慈悲，把愛送到各角落，並帶著全場唱誦「六字大明咒」迴向；她應余湘之邀到新時代生命小組教會演講，參與大家唱詩歌與禱告，心生喜悅，有感說出：「這是很棒的正能量，神給予了那麼豐盛的愛，你們可以一起把愛送出去，開始做一萬一戶、惜食計畫，幫助更多弱勢的人，我們很願意分享台積電慈善基金會的專案執行經驗。」

她也走出台灣做公益，演講足跡也因緣際會到達海外城市。

二〇一八年，她將靈感源自花蓮地震後，光芒照亮山嵐，象徵強勁生命力的「大地山嵐」畫作，於香港佳士得拍賣會所得的義賣款項，全數捐贈給香港「Save The Children」基金會，為亞洲貧病兒童的教育和醫療經費盡一份心力。

她受邀到南京演講，聽完後，當地半導體業者決定響應把愛送出去的公益平台，成立了半導體教育發展基金會，複製台積電慈善基金會「一萬一戶」專案，推動「一萬一校」，號召大陸企業透過「創享中國公益志願平台」捐款、購書給偏鄉學校，改善大陸的偏鄉教育。

為此，張淑芬特別到合肥訪視偏鄉小學。台北來回合肥、短短不到四十八小時的行程，她頂著三十六度高溫的烈陽，風塵僕僕參訪了兩所小學，完成了一場精采無比

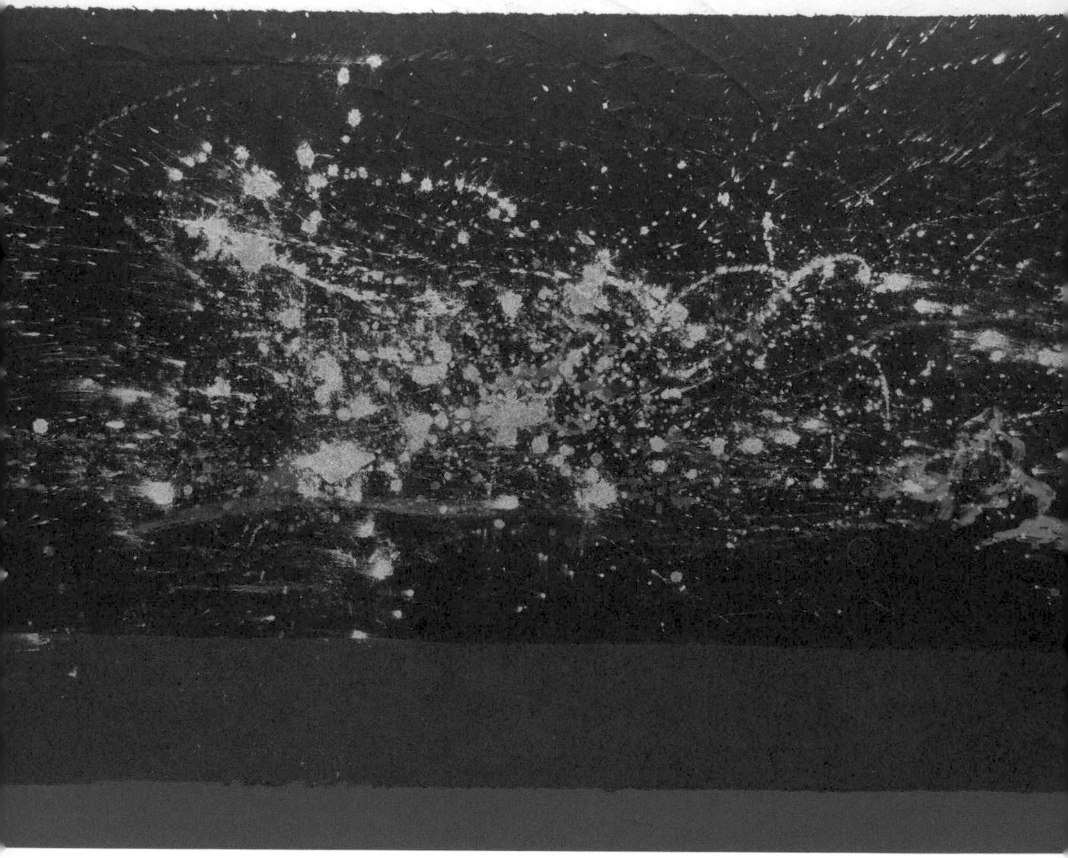

張淑芬的畫裡有氣的流動，她認為是因為做善事，使她常走進不同環境，因而積累了柔軟的、堅毅的、寬容的、豁達的各種力量。

的演講。

如哲人形容，理想的智慧教育，應該是一種有靈魂的教育，像是一棵樹搖動另一棵樹，一朵雲推動另一朵雲，一個靈魂喚醒另一個靈魂。張淑芬與台積電志工用智慧行善的公益足跡亦如是，它也是一種有靈魂的公益，一個靈魂喚醒另一個靈魂，一個團隊感動另一個團隊，一座城市連結另一座城市。

張淑芬說：「我的人生不要是一場雞尾酒派對，而是要實實在在地奉獻。為人做事要正，不要去看中間的誘惑，才會真正走到源頭，我自己先行，再播種出去，受到影響的人也會發光，社會就會有更多的正能量。」

曾有氣功老師見到張淑芬的畫，驚訝於畫裡有氣的流動，她笑著解答，因為做善事常會走進不同環境，因而積累不同的力量，柔軟的、堅毅的、寬容的、豁達的……，「你想要力量，就先給人力量；你需要愛，就先把愛送出去。」

那麼遠，又這麼近，這就是愛的真諦。

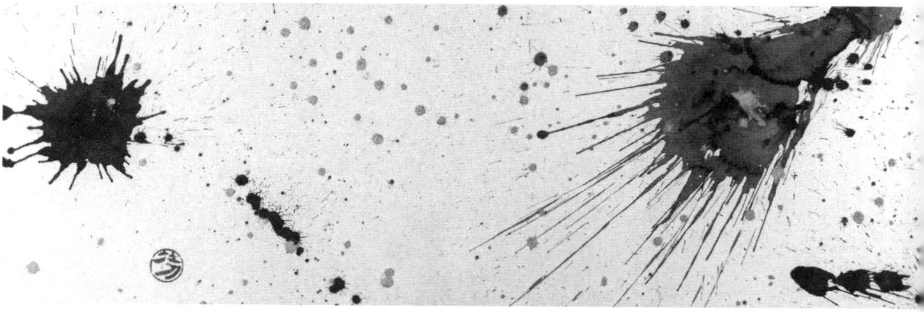

Chapter 12

當我說我是行善者——一切善事遠離驕傲

布農族悠揚歌聲在台東的鸞山部落響起。一群可愛的布農族孩童清亮嘹唱祖先傳唱的古調，小手上的竹棒跟著一旁木杵敲擊的聲響，合擊著節奏，暖風也從楠榕混生林帶間吹來，和著布農族美妙杵音，今天，是這個海岸山脈南端的美麗部落值得歡唱的「大日子」。

他們為了一間教室而開心歡唱，也為了到來的貴客誠心獻唱，更為了能繼續傳承族語而引吭高歌。二〇一九年十二月二十六日下午，鸞山部落迎來了新的「530教室」啟用典禮。

過程像是峰迴路轉的劇情。530教室原來在鸞山路的公車站旁，因地址為530號而得名。帶頭敲擊主節奏的胡秋琴，是創辦「530教室」的靈魂人物，部落的孩子們都稱她王媽媽。

胡秋琴是鸞山國小的工友，七年前的某天下班後，看到一群孩子在等公車，眼見天色昏暗，站牌鄰近道路，她顧慮孩子們的安危：「這麼晚了，我就陪他們等吧！」閒聊時，胡秋琴發現這些布農族的後代竟不會說族語，驚覺部落的世代斷層嚴重，若照這樣下去，布農族文化日後可能失傳，「自己部落的孩子自己教，這些孩子小時若不學，長大更不會想學。」於是，她租下公車站旁閒置已久的早餐店，做為族語教學的空間。

幾年下來，這裡變成部落孩子們的祕密基地，下課後，都會到王媽媽的530教室學族語、做功課、吃晚飯，成了另類的課輔班。

部落裡多是隔代教養家庭，高齡長者無法接送孩子，時間晚了，胡秋琴就開車送住較遠的孩子回家。她是鸞山部落孩子共同的媽媽，每個人都愛她，她也心甘情願自掏腰包守護部落孩子多年。布農族的孩子在她的教導下，學會一句句的族語，吟唱出一首一首的布農歌謠，山谷開始聽見孩童用族語的八部合音、用布農族特有的打擊杵樂，傳唱著生活文化。

然而，美好光景在她收到地主已經賣地的通知一夕瓦解。消息令胡秋琴措手不及而無法尋找替選方案，她想捐出住家旁的空地，卻無法負擔蓋新教室的費用，但也不能讓孩子日曬雨淋。她形容，沒了聚所，部落的孩子就像小鳥沒有窩，這裡飛，那裡飛，沒有落腳之處。

正當她焦急不知該如何是好，台東高齡健康與照護管理原住民專班的助理教授葉哲全得知此事，幫忙聯絡了台積電慈善基金會。基金會因為想協助台東「孩子的書屋」解決課輔師資不足的問題，台積電志工除了定期從台南到台東，教導數理學科之外，還同時媒合台東大學的學生負責輔導課，由基金會提供家教費用，葉哲全正是台東大學的窗口。

打造長幼共融的530教室

台積電慈善基金會在訪察與評估後，第一時間出動專業的建築團隊，從十一月十三日到十二月十五日，整地規劃到興建落成，共只花了三十三大，蓋好兩間連通的教室以及一大間獨立廁所。

啟用典禮當天，教室前廣場聚集了鸞山部落的族人、台東大學高齡健康與照護管理原住民專班師生。知道台積電慈善基金會張淑芬董事長要來，部落耆老都神采奕奕，換上布農族的傳統服飾，早早坐在廣場排列好的椅子上引頸期盼。

張淑芬一下車，就被眾多的族人熱烈簇擁，搶著跟她合照。一起前來部落剪綵的還有莊子壽以及甫退休的台積電品質暨可靠性部門副總蔡能賢。

「感謝上帝幫我們打開了一扇門，感謝台積電給我們這麼漂亮的教室，」開場時，胡秋琴感謝台積電讓部落有了自己的族語教室，說著、說著，忍不住掉淚，從得知地主賣掉土地到真正有了一個族語教室，峰迴路轉的心酸、焦急到最後的感動、喜悅，淚水裡盡是難以言喻的複雜心情。

「淑芬姐，你就是那扇大門，讓部落有了往前走的力量，謝謝你們！在我有生之年，都會好好守護鸞山部落的孩子。」看到胡秋琴笑中帶淚，張淑芬不禁眼眶泛紅，回以擁抱，並輕聲對她說：「你們不孤單！我們來了！」

部落的孩子不僅有了嶄新教室，基金會也把這裡變成部落的惜食據點，捐贈冷凍冰櫃，裡頭是惜食公益夥伴桂冠送來的冷凍食品。張淑芬一打開，看見冰櫃裡充足食物，放心的微笑了。此時，胡秋琴擦乾眼淚，恢復開朗樂天的本性：「本來要放隻山豬的，結果還沒打到。」引得眾人大笑。

基金會做的比胡秋琴期待的還多，額外捐贈部落一輛專車，以及十五台平板電腦。「你們要好好學習，我會派人檢查，沒學的人我會收回喔！」聽到張淑芬這麼說，孩子們齊聲應好。

當天，張淑芬看到部落有不少的高齡長輩，心生一念，或許「530教室」白天能做為部落長者共餐、聚會的場所。那麼，將會需要一間能讓族人做菜的大廚房。

她當場請教部落的族人：「我看到有這麼多的長輩，也會聚集在這裡，如果這裡有個廚房與共餐的地方，也能讓大家的凝聚力更緊密，若你們願意，也不會增加你們的麻煩，我們想幫忙蓋一間新的廚房。」

這席話讓全場歡呼，胡秋琴感動連聲道謝。行動派的張淑芬獲得同意，立刻帶著團隊，巡看教室旁的空地，發現腹地還足夠，當場決定新廚房的位置。

布農族人稱鸞山部落為「SAZASA」，意味著這是「能讓甘蔗長的高茂、動物活躍跑跳、人生活得很好的土地」。有了台積電的530教室，相信美妙的布農族古調將能世世代代在這塊土地傳唱。

當說自己是行善者時

只是，幫忙再蓋一間新廚房，張淑芬為何要先徵得對方的同意，以及確認不會造成部落的困擾？這是一種她堅守行善時要「放小自己」的原則。

張淑芬帶著台積電志工與基金會團隊做公益時，總要大家放小自己：「在台積電做事，好像比別人走路更有風，但投入慈善，請你們一定要拿掉『我』的框架，把自己放小，把需要被幫助的人放大。」

如那句哲思——人在一切善事上，必須遠離驕傲，因為無論多大善事，往往因為驕傲而成為敗壞的結果。亦如張淑芬喜歡的牛津大學教授、研究佛學超過四十年理察德・貢布里（Richard Combrich）的《當我說我是佛教徒時》所言：「當我說我是佛教徒時，不是說我比別人更具足智慧，而是我被太多的傲慢包裹，我需要用謙卑來體味更浩瀚的世界；當我說我是佛教徒，並不是因為我比別人好或壞，而是我了解到眾生的平等無二；當我說我是佛教徒時，不是說以愛的發心綁架他人，而是為了用周到的智慧，在隨順眾生中自利利他……。」

新教室讓鸞山部落的孩子們期待著每一天的課輔生活。照片為孩子們與張淑芬開心地合照。

這也是她真切的領悟。

當說自己是行善者時，是明白了人世間最美好之事是積愛成福，施予雖讓人寬厚慷慨，亦會謙然的讓愛如光；當說自己是行善者時，並不覺得自己是在幫助別人，而是別人幫助我們成長。

有人問她，一路以來是如何堅持理念？她分享：「永遠把自己放小，走在第一線看見別人的苦難。我們一個小小的舉動，就可以讓他們往前走，這就是我應該做的事。」她說，台積電志工社能做得成功，是因為台積電給同仁安全感，讓他們有能力、有很多的愛可以去關心別人。

這群台灣的聰明腦袋，會自台積電退休，但即便是從台積電退休了，做公益可以退而不休。

就像二〇一九年底成為基金會重量級生力軍的蔡能賢。他是麻省理工學院材料工程博士，曾任職美國貝爾實驗室，一九八九年進入台積電，是公司成立初期的核心幹部。他在半導體界出名，除了專業之外，還因為在台積電做了一件浪漫創舉，也就是二〇一〇年，讓張忠謀答應放他五十天的長假，與隊友橫越北京到巴黎，完成一萬八千公里的單車壯遊。

張淑芬知道蔡能賢準備退休後，就力邀他參與基金會：「你先來看看我們怎麼做。」於是，蔡能賢的退休人生就此踏上公益之路。莊子壽也曾對張淑芬說，退休以後，還會繼續做志工。

未來，不會只有一個莊子壽、蔡能賢，慈悲的種子灑下了，每個都是引路人。

既引路又點燈

在公益之路上，聖嚴法師的背影鮮明烙印在張淑芬的腦海裡。多年前，她參加法鼓山禪修班，那是第二天的下午，她打坐完起身，瞥見禪堂角落戴著口罩的聖嚴法師，想起昨天師父跟大家說因為要去洗腎，明天不能來，卻掛念禪修信眾，撐著病體再回來。她被聖嚴法師感動，慚愧自己的懶散，對著那個孱弱的身影許諾，一定要走出去，利益人群，不能辜負上天給的福報。

港澳台灣慈善基金會愛心獎的頒獎典禮上，有得獎者佩服張淑芬，每個人只做一件事，唯獨她一次做多件事。張忠謀也問過她類似問題：「做這麼多事，如何聚焦綜效？」

張淑芬以偏鄉的弱勢家庭孩子為例：「我會思考最大的問題是什麼？孩子可能因為沒地方去、沒飯吃，容易被帶壞，往這幾個面向去解決問題。惜食解決吃飯的問題，平板、課輔教育解決沒地方去，容易被帶壞的隱憂。」從二〇一四年就參與公益項目的彭冠宇形容，「Sophie 專注走在弱勢關懷的第一線，做的這些事其實是在解決環環相扣的複合題。她的精神跟張忠謀創辦人一樣，都是專注本業。」他也因為跟著張淑芬做事，愈能理解生命意義是形成他人生命意義的總和。

《維摩詰所說經》：「無盡燈者，譬如一燈，燃百千燈，冥者皆明，明終不盡。」從台積電志工社到對外的台積電慈善基金會，張淑芬引路也點燈。

她點燃公益平台那些合作夥伴的無盡燈，點燃那些聽她演講閱聽眾的菩提心，若一個人可以關心千百人，這千百人再去關懷千百人，愈多心燈無盡，開始公益行動，這個社會就會愈溫暖。

有天，她陪女兒去百貨公司，一位女士認出她，走來跟她說，因為聽了她的演

張淑芬一直謹記聖嚴法師拖著病體為眾生服務的身影，默默許諾自己這一生定要不斷利益人群，不辜負上天給的福報。

講，已經說服老闆響應惜食，捐贈食物。張淑芬聽了，拚命忍住想奪眶而出的感動眼淚。

愛的種子已經播下，只是不知哪天會開花。

一堂人工智慧學不會的課

引路的智慧，是要從源頭開始做對的事；想要把愛送出去，就讓愛如光，成就愈來愈多的點燈者，因為每一份善心都能淬鍊成金，點點微光滙聚，就能耀眼迸發。

張淑芬去清華大學演講時，邀請現場教授與企業家帶領學生加入公益行動：「智慧不一定從書本上學來，人生道路上的智慧與感恩，人工智慧做不出來。」

她用親身實踐以及帶領台積電志工、基金會團隊的公益足跡證明，一盞燈能點燃千百盞燈，自身光芒並不因而減弱；一個人可以點燃千百個眾生的菩提心，自身的菩提心更不會減少。

在這條「把愛送出去」的路上，她努力、持續喚醒更多人，期待他們也成為引路人、點燈者。張淑芬與台積電用智慧行善的公益故事仍將繼續，但不一樣的是，會有更多新的引路人故事，一起行善，共同點亮，這就是平台的力量。

結束奔波的一天，她迫不及待要回家，「當我出門做志工的時候，張忠謀從不問我去做什麼，只問我幾點回來？」

回家前，張忠謀傳來簡訊：「等你一起吃晚飯。」

她燦笑，轉身奔向家的方向。

後記

溫暖人心的「芬」芳

林靜宜

書寫的尾末，我想談談我心中的 Sophie。

當我從二〇一九年初開始採訪她與台積電志工、公益夥伴的公益足跡，我看見不同的張淑芬——多樣面向卻對人世間有著同一顆初心，有如度母化現。

我看見開會時，專注又嚴肅的她；演講台上，誠摯分享時而幽默的她；作畫時蘊藏無盡力量的她；行善第一線，暖心擁抱，給予對方支持力量，前一分鐘感性落淚，下一分鐘理性決策的她，以及更多跟著她一起走在公益之路，從志工、合作夥伴、受助者、友人、社會意見領袖……，眾多第三人形容講述的她。她是慈善家、畫家，更是公益 CEO，有使命感，也有執行力。

隨著愈來愈深入的貼近，多次隨著她走進公益現場，從一開始覺得她是喜歡做公益的慈善家與畫家，好似世間的美好都集於她，到後來驚嘆，她是一個真正高雅又清淨的靈魂，明明做的是幫助別人的事，卻那麼溫婉、真切地認為是別人讓自己學習。這是多大的生命智慧啊！渡己也渡眾生。

別人認為她是蒼天大樹，她卻能放小自己，心如葉片般柔軟，亦如大地滋養萬物那般的堅毅，親身實踐不貪著、慈悲、智慧的善根。她追求的快樂是無上法樂，是渴望幫助他人，是發願布施，以及修持精進心、禪定與無垢智慧所帶來的喜悅。她做到了維摩詰所說的，菩薩的職責是利益眾生，要去點燃明燈，讓所有最意想不到的角落，也能無止盡地照耀。

每本書都有它的因緣。傳記作家生涯裡，成就者的哲思、利益世界的觀點一直是我探索的出發點。當一個人、企業或組織值得用好幾萬字篇幅來傳世，這裡頭除了作者與被撰寫者們的流轉交織，還有「書」問世的因緣——《引路》是具足了「愛的慈悲喜捨」因緣，書寫過程常能夠感受到這樣的能量。我想那是 Sophie 的溫暖力量被上天看到，她不只有願心，還有願力，持續引路，啟發更多慈悲喜捨的四無量心。

於我，這是難得的殊勝，能夠書寫一群善良的靈魂，特別是在全球疫情、人心惶惶的喧囂時刻，希望能與大家分享一點溫暖的「芬」芳，讓安慰與寧靜流過浮躁的心靈。

（附錄一）

台積電慈善基金會與志工社大事記

民國	月份	大事
93		成立台積電志工社。
98	8	**八日**，八八風災，兩週協助97間學校復原及部落重建筍廠、茶廠。
103	4	**九日**，啟動愛互聯愛心串聯全台記者會。
	7	**三十一日**，高雄氣爆：率領救災團隊進駐，協助當地災後重建。
	8	**二十五日**，高雄氣爆：帶孩童遠離災區公益夏令營。
104	4	**二十四日**，花東愛互聯：花蓮門諾基金會贈車儀式。
	7	**五日**，八仙塵爆：捐贈中、重度燒燙傷者，每人2套彈性壓力衣。
	8	**十四日**，與台南愛互聯夥伴為八八風災受災戶修繕房屋。
105	3	**三十一日**，愛互聯交流分享會。
106	5	**十一日**，員林「孝道教育工作坊」散播善良種子。
	6	**十四日**，成立台積電慈善基金會。
	9	**六日**，水上課輔班：嘉義水上教會課輔班重建，同仁募資595萬元。
		五日，全台海拔最高信義雙龍日托中心揭牌啟動。

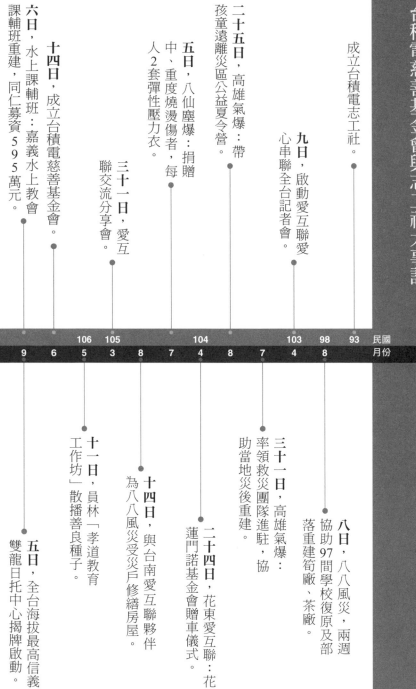

106年11月

二十五日，花蓮門諾基金會——載著愛的便當出發，捎注門諾老人送餐服務。

107年1月

五日，捐贈醫療貢獻獎高揚威醫師偏鄉醫療巡診車。

2月

八日，花蓮震災：救災團隊進駐2個月，協助當地災後重建。

5月

二十七日，「大地山嵐」於香港佳士得拍賣會義賣，以493萬元落槌，義賣款項全數捐贈香港「Save The Children」基金會，做為亞洲貧病兒童的教育和醫療經費。

8月

三十一日，南台灣豪雨成災，捐贈物資及幫忙建制水閘門。

9月

七日，苗栗後龍日照中心開幕。

10月

八日，花蓮震災：花蓮重建孩童公益勇氣營。

11月

十四日，張淑芬以領袖代表夫人身份出席 APEC。

12月

十二日，捐贈澎湖七美鄉落地式超音波機。

十二日，捐贈澎湖望安鄉落地式超音波機。

二十一日，捐贈金門醫院醫療巡迴車。

108年12月

十二日，捐贈沐浴床板給各愛互聯夥伴。

十八日，獲頒港澳台灣慈善基金會「愛心獎」。

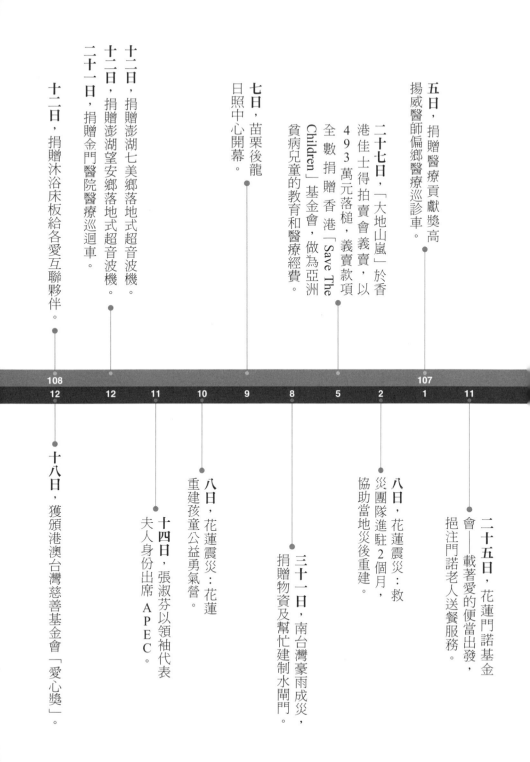

（附錄二）

把愛送出去平台公益夥伴

單位	事項
台北市政府	孝道及偏鄉教育、弱勢關懷合作案
新北市政府	惜食專案合作
新竹市政府	弱勢關懷專案合作
彰化縣政府	吳明哲院長團隊協助彰化弱勢專案
TutorABC	捐贈線上英語課程、投入偏鄉教育
Rotary District 3521 嘉義市政府	持續推動公益演講

裕隆集團	合作台東偏鄉交通車輛
新東陽	協助新北惜食專案
台灣電力公司 日月光半導體製造股份有限公司 傑星傳播有限公司	偏鄉教育合作
CHIMEI 奇美食品	捐贈格外品助弱勢
阿瘦皮鞋	捐贈弱勢戶年菜、幫助弱勢獨老足部健檢
桂冠食品 聯華食品	支持台積電惜食專案
中國石油股份有限公司	合作偏鄉交通油資
禮客 Outlet	愛互聯年終送暖禮品提供愛心價／提供弱勢孩童溫暖衣物

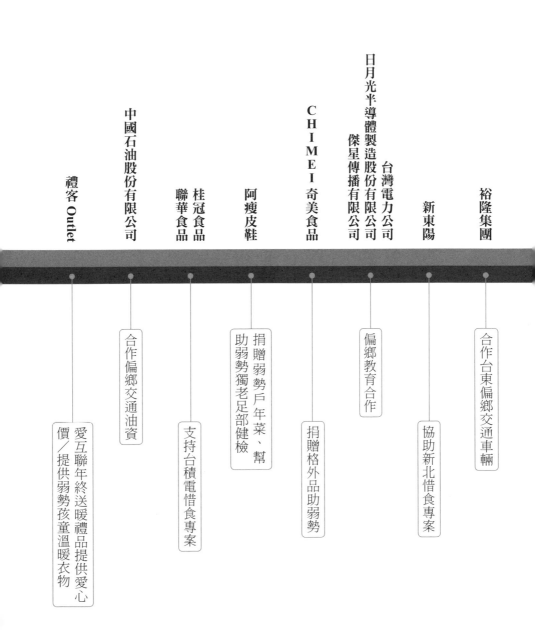

（附錄二）
把愛送出去平台公益夥伴

單位

全球人壽
世界先進
偉特企業
耿畫廊
極致行動科技
高雄麗尊帽子會
各界社會善心人士

台北榮總老人醫學中心
老五老基金會
中國醫藥大學附設醫院
林增連慈善基金會
門諾基金會
普力關懷協會
輔英科大

事項

弱勢關懷&偏鄉教育專案合作

參與愛互聯平台

★感謝以上企業共襄盛舉，期待台積電的公益行動如火苗，引領更多人和企業加入，美麗這個世界。
台積電慈善基金會網址：
https: //www.tsmc-charity.org/
聯絡電話：03-5636688#712-5782

國家圖書館出版品預行編目（CIP）資料

引路：張淑芬與台積電用智慧行善的公益足跡／林靜宜著. -- 第一版. -- 臺北市：遠見天下文化, 2020.03
面；　公分. --（社會人文 ; BGB488）
ISBN 978-986-479-953-4（平裝）

1.台積電慈善基金會 2.公益事業

548.1933　　109002094

社會人文 BGB488

引路：
張淑芬與台積電用智慧行善的公益足跡

作　者 — 林靜宜

總編輯 — 吳佩穎
責任編輯 — 黃安妮
封面暨內頁設計 — 蔡南昇
照片提供 — 台積電慈善基金會、聯合新聞網、廖志豪

出版者 — 遠見天下文化出版股份有限公司
創辦人 — 高希均、王力行
遠見・天下文化 事業群董事長 — 高希均
事業群發行人／CEO — 王力行
天下文化社長 — 林天來
天下文化總經理 — 林芳燕
國際事務開發部兼版權中心總監 — 潘欣
法律顧問 — 理律法律事務所陳長文律師
著作權顧問 — 魏啟翔律師
社址 — 台北市 104 松江路 93 巷 1 號 2 樓
讀者服務專線 — （02）2662-0012
傳　真 — （02）2662-0007；2662-0009
電子信箱 — cwpc@cwgv.com.tw
直接郵撥帳號 — 1326703-6 號　遠見天下文化出版股份有限公司

電腦排版／製版廠 — 中原造像股份有限公司
印刷廠 — 中原造像股份有限公司
裝訂廠 — 中原造像股份有限公司
登記證 — 局版台業字第 2517 號
總經銷 — 大和書報圖書股份有限公司 電話／(02)8990-2588
出版日期 — 2022 年 7 月 13 日第一版第 6 次印行

定價 — NT400 元
ISBN — 978-986-479-953-4
書號 — BGB488
天下文化官網 — bookzone.cwgv.com.tw